Sobre ela

Uma história de violência

Wagner Cinelli de Paula Freitas

Sobre ela

Uma história de violência

GRYPHUS

Rio de Janeiro

Revisão
Carolina Menezes
Ligia Lopes Pereira Pinto

Capa e projeto gráfico
Gabintete de Artes

Fotos da capa
IStock

Adequado ao novo acordo ortográfico da língua portuguesa

CIP-BRASIL. CATALOGAÇÃO NA PUBLICAÇÃO
SINDICATO NACIONAL DOS EDITORES DE LIVROS, RJ

F938s

Freitas, Wagner Cinelli de Paula

Sobre Ela: uma história de violência / Wagner Cinelli de Paula Freitas. - 1. ed. -

Rio de Janeiro : Gryphus, 2020.

158 p. ; 21 cm.

Inclui bibliografia
ISBN 978-65-86061-14-7
1. Violência contra as mulheres - Aspectos sociais. 2. Violência familiar. 3. Direitos humanos. 4. Direitos das mulheres. I. Título.

20-67587 CDD: 362.8292
CDU: 316.346.2-055.2

Leandra Felix da Cruz Candido - Bibliotecária - CRB-7/6135
13/11/2020 16/11/2020

Gryphus Editora
Rua Major Rubens Vaz, 456 - Gávea - 22470-070
Rio de Janeiro - RJ - Tel: +55 21 2533-2508
www.gryphus.com.br
E-mail: gryphus@gryphus.com.br

Idealmente, por um mundo igual.
Na prática, por um mundo menos desigual.
Luto por ambos;
um de cada vez e os dois ao mesmo tempo.

SUMÁRIO

AGRADECIMENTOS

Esta obra foi idealizada a partir do roteiro de *Sobre Ela*, que escrevi para ser curta-metragem. Conversei sobre esse roteiro com LuCAS Chewie – que já tinha trabalhado comigo em outros clipes de animação –, que prontamente aceitou a direção artística e contribuiu com sugestões valiosas durante a realização do novo vídeo de animação.

Apoio irrestrito tive de minha companheira de vida, Giane Zimmer, que assumiu a produção executiva do curta *Sobre Ela*, enriquecendo os debates havidos durante o processo e tornando possível sua concretização. Sua participação neste livro se deu com leituras e releituras ao longo da elaboração, com comentários sempre enriquecedores, certamente potencializados pela sua experiência profissional em ambientes corporativos, que são locais em que o gênero feminino está sub-representado, especialmente em cargos diretivos.

Inspirou-me a trajetória de minha colega de magistratura Adriana Ramos de Mello, especialista no tema da violência doméstica e que, além de juíza, é referência nos estudos e ensino a respeito desse assunto que tanto nos desafia e que reclama melhor equacionamento pela sociedade, sob todos os aspectos. Adriana leu a minuta do livro e fez observações importantes, que foram levadas em consideração.

Registro também minha admiração por outra colega juíza, Andréa Pachá, que conheço desde Petrópolis, antes de seu ingresso na carreira. Andréa é sensível a temas sociais, assume publicamente suas posições e o faz sempre de forma equilibrada, em caminhos muitas vezes difíceis de se trilhar em razão das cobranças que a sociedade faz ao juiz. Mas ela os trilha e os trilha bem. Além de tudo, é escritora e me honra assinando o prefácio desta obra.

Devo mencionar outra magistrada, desembargadora Cristina Tereza Gaulia. Estudiosa, tem se dedicado ao aprimoramento do Judiciário não só pela sua atuação como profissional do direito, mas pelas reflexões e práticas em prol de uma justiça mais célere e próxima do cidadão, o que é fundamental em um país marcado por tantas desigualdades. À Gaulia, minha admiração e também meu agradecimento por ter lido e comentado este livro.

Carmen Torras, do Gabinete de Artes, tem colaborado em diversos de meus projetos, sejam CDs, vídeos ou livros. Participou no curta *Sobre Ela* e na diagramação deste livro.

Gratidão aos meus filhos Gabriela e Daniel, parceiros na música e também em algumas de minhas produções audiovisuais. No curta-metragem *Sobre Ela,* participaram das várias fases, desde o *storyboard* até a conclusão do filme. Suas existências me inspiram. Meus filhos, que representam uma nova geração, são minha esperança de um futuro melhor para todos.

Subvertendo a ordem apresentada dos nomes, em flagrante privilégio da família: Giane, Gabriela, Daniel, LuCAS, Adriana, Andréa, Gaulia e Carmen, um especial muito obrigado a cada um(a) de vocês.

PREFÁCIO

Quando a realidade assombra, paralisa e nos confronta com o desamparo, é pela arte que tentamos compreendê-la, buscando linguagens e alternativas que organizem as reflexões, fortaleçam a racionalidade e nos remetam a caminhos mais luminosos para o enfrentamento da dor e das injustiças.

Wagner Cinelli de Paula Freitas conhece esse caminho. Não só em razão da magistratura – que exerce com humanidade, sempre ocupado com a afirmação dos direitos fundamentais – e dos princípios civilizatórios que nos trouxeram até aqui. Mas também pela antropologia e pela música. Impossível reduzi-lo a classificações profissionais. Wagner é tudo ao mesmo tempo. E mais. Um homem insistentemente indignado com as desigualdades que ofendem, machucam e matam.

É do olhar desse autor que nasce "*Sobre Ela*". É da afinação desse olhar, com os acordes pungentes, que nasce o roteiro do clipe que deu origem à obra.

Ela poderia ser qualquer uma de nós, mulheres submetidas à violência estrutural de uma sociedade patrimonialista, machista, racista e patriarcal. *Ela* se apaixona, namora e casa com o companheiro que parece o parceiro da vida. *Ela* experimenta a violência crescente, muitas vezes imperceptível, que corrói o afeto. *Ela* tenta acreditar no arrependimento. Como todo abuso que não é compreendido e interrompido, a violência é potencializada no silêncio. *Ela* busca a ajuda da amiga, das instituições. Não consegue interromper o ciclo, não consegue proteção ou acolhida. O final, como nos milhares de outros feminicídios, é bárbaro e dramático.

Da dor que transborda de um clipe cortante e esteticamente doloroso, as notas musicais escalam a violência crescente e estabelecem um canal empático e responsável. Impossível assistir às imagens e não se comprometer com a luta contra a desigualdade, contra a misoginia e o patriarcado que desembocam na violência de gênero.

A naturalização da violência, protegida por barreiras jurídicas, culturais, sociais, é denunciada por Cinelli.

Precisamos desvelar a história. Precisamos preservar as lutas pretéritas. Precisamos conhecer e iluminar o passado para, pela compreensão, construirmos espaços de proteção, responsabilidade e compromissos inegociáveis com a ética, a justiça e os direitos humanos fundamentais, que precisam existir concretamente.

Wagner escolhe usar as palavras e o conhecimento para consolidar conceitos, angústias, dúvidas e reflexões. Não só da protagonista do clipe original. Do movimento feminista, dos processos legislativos, dos contextos pretéritos que contribuíram para o silenciamento e o aumento da violência.

Ele reconhece que a igualdade não é um projeto de curto prazo e que, como afirma, "na equação social, há o peso de práticas do passado e sua influência na cultura". Ele aponta que o racismo, decorrente de séculos de escravização, aprofunda a violência contra a mulher negra.

E prossegue, em uma escrita clara, desenhando a evolução normativa, trazendo exemplos recentes, como o do art. 6º, I, do Código Civil de 1916, que vigorou até 2002, que dispunha serem relativamente incapazes as mulheres casadas, para a prática de certos atos jurídicos – desigualdade fortalecida pelo artigo 233 do mesmo Código, que atribuía ao marido o título de "chefe da sociedade conjugal".

Foi nesse terreno de convívio androcêntrico onde a desigualdade se naturalizou e a violência emergiu e cresceu. Afastadas da participação do poder, identifica Wagner, são atingidas diretamente porque são mulheres.

Ao contextualizar a violência de gênero na rede de proteção dos direitos humanos fundamentais, o autor nos leva a conhecer e compreender a tessitura delicada de tais direitos, os longos percursos percorridos até a promulgação da Lei Maria da Penha, uma lei, segundo ele, voltada para uma realidade complexa e "permeada por valores culturais, sendo um desses elementos o machismo e a assimetria de poder que de forma geral ocorre na questão de gênero". E aponta como positivas as mudanças legislativas e jurisprudenciais, a partir da norma legal. É um sinal de que a sociedade não está paralisada, mas tentando se adaptar e se adequar à realidade da urgente concretização da igualdade.

Mas, além de relatar a evolução social e legislativa, apontar as ignomínias que decorrem da violência e da desigualdade, Wagner, como um homem verdadeiramente interessado em compreender o cenário para poder trabalhar no enfrentamento a essa chaga que nos envergonha, também questiona: "O que impulsiona uma mulher vítima de crime de gênero a reatar com seu algoz? O que move uma vítima de violência doméstica, que na ação criminal de lesões corporais foi firme a respeito da autoria e culpabilidade de seu marido agressor, a assumir para si o pagamento da multa criminal a ele imposta? Que elementos psicológicos e culturais estão em movimento, como múltiplos vetores, a impulsionar a decisão de cada uma dessas mulheres vítimas? Por que reatar laços com quem as fez sofrer? Além disso, que suporte para vítimas as instituições ou a sociedade organizada oferecem? O que mais pode ser feito para conscientizar as pessoas? Que outras formas de prevenção podem ser implementadas?".

A partir dessas inquietações, com a curiosidade genuína de quem deseja compreender e identificar a ancestral violência, Wagner se alia a todas as mulheres na repulsa à violência irracional, à misoginia, ao machismo.

"*Sobre Ela*" é o olhar íntegro de um homem, lembrando a todos que não se pode naturalizar a violência contra a mulher a pretexto de compreendê-la como estrutural. É preciso entender a violência. Transformá-la em texto. Transformá-la em música e clipe musical. Transformá-la em memória e em história. Para que não seja repetida e perpetuada.

Andréa Pachá

INTRODUÇÃO

Da música ao cinema

A música me acompanha desde a infância. Começou quando meu pai trouxe um piano Niendorf, adquirido na Casa Milton e, com 6 anos, passei a ter aulas particulares com minha prima Deise, que tinha estudado em conservatório de música. Aos 13, fui aprender violão com o Professor Carlos Delmiro, no Méier, bairro do subúrbio carioca. Sempre gostei de ouvir e de tocar música, sendo que é na composição musical onde mais me realizo na arte.

Segui meu estudo no Direito, graduei-me também em Ciências Sociais e fiz mestrado em *Criminal Justice Policy*, na *London School of Economics and Political Science*. Na magistratura, onde ingressei em 1992, trabalhei em Vara Criminal nos anos iniciais, o que aguçou meu interesse pelas questões criminal e prisional.

Segui minha carreira na área jurídica, mas nunca parei de compor e, eventualmente, de escrever.

Assim, a música tem sido um *hobby*, que procuro fazer com qualidade – na composição, nos arranjos e nas gravações –, facilitado pelos amigos e parceiros musicais encontrados ao longo desta caminhada.

Em 2015, comecei a aliar imagens à música, daí surgindo o primeiro clipe musical de animação que produzi: *Saudades do Raul*, homenagem a Raul Seixas na data em que completaria 70 anos. Decorridos 5 anos, produzi um total de 8 clipes musicais de animação.[1]

Saudades do Raul e *Mandacaru* foram selecionados no Anima Mundi em 2016 e 2017, respectivamente.[2] *Kekerê*, *Acaiaca* e *Dispare Notas Musicais* foram selecionados e premiados em festivais internacionais a partir de 2018.

Essa trajetória, que começa com a música e depois com os clipes, ganha imagens para a transmissão de sua mensagem. Nesse trajeto, chega-se às produções que trazem tópicos sociais: *Kekerê*, que propõe o tema da discriminação racial, e *Acaiaca*, metáfora para o processo de invasão, sucessão e dominação dos povos ameríndios pelos europeus.

Enquanto *Kekerê* é uma canção, *Acaiaca*, além da música, tem centralidade na narração, na seara do contador de histórias. Vários vídeos ganharam legendas em outras línguas, sendo que *Acaiaca*, por exemplo, é narrado também em inglês.

Daí surge *Sobre Ela*, que, seguindo a linha de trazer questões sociais para o foco, elege o tema da violência contra a mulher e, diversamente das duas obras acima referidas, não é nem uma canção e nem uma música com narração. Nasce como um *script*, já transformado em clipe de animação, com a direção de arte de LuCAS Chewie.[3]

Da música aos videoclipes musicais; destes ao videoclipe com narrativa e, agora, ao roteiro de *Sobre Ela* – que é a pedra fundamental do curta-metragem homônimo e deste livro.

urbanworld

Do roteiro ao livro

Primeiro veio o *script* de *Sobre Ela*, que é a base para o respectivo clipe de animação. Em seguida, foi escrito o livro.

O roteiro do clipe traz a história de uma mulher - simbolizando milhares de outras -, que se enamora, casa e, depois de vivenciar as primeiras discussões com o companheiro, descobre que seu lar, onde esperaria estar protegida, é palco da violência que lhe faz vítima. Busca apoio na amiga. Titubeia, mas chega a registrar ocorrência contra o agressor. Infelizmente, a violência não cessa. Ao contrário, escala. Não é a violência impessoal, praticada pelo estranho; mas por quem lhe é mais próximo, vinculado por laços de afeto. A vivência dessa relação, com evidente assimetria de poder e onde são naturalizados ciclos de violência e perdão, culmina com um fim trágico, como é revelado no curta-metragem, cujo trailer está disponível no YouTube.

Mas, afinal, por que *Sobre Ela*?

A escolha do tema

Max Weber (1991), em sua metodologia, apresentada na obra *Sobre a Teoria das Ciências Sociais*, preconiza que o pesquisador pode e deve exercer sua parcialidade na escolha do fragmento do real que é objeto de seu estudo. Assim, exerce sua subjetividade na eleição do tema de seu interesse.

O assunto aqui escolhido é o da violência contra a mulher, notadamente a violência doméstica,[4] aquela praticada pelo companheiro ou ex, não havendo pretensão de se proclamar uma hierarquia de importância entre temas, pois, como bem dizia o sociólogo Maurício Murad em suas aulas na Uerj, não há temas nobres, estando a nobreza reservada à exploração do objeto de pesquisa.

Entretanto, mesmo não havendo temas nobres, cabe a cada pesquisador escolher aquele de seu interesse, cabendo-lhe, portanto, nesse momento, afirmar, por essa sua ação de escolha, o assunto que lhe é caro.

Temas sociais me são caros. Vivemos em uma sociedade marcada pela desigualdade. Criados nela, corremos o risco de não lhe percebermos essa característica, em razão de um processo de naturalização que se alia ao afastamento do outro, que desvanece até ficar invisível.

A desigualdade pode se materializar em violência, muita violência. Violência que chega e violência que não chega à Justiça Criminal. Violência que não é reportada pela incredulidade das vítimas nas instituições ou mesmo por outros motivos.

A desigualdade aqui referida é de todo tipo. Desigualdade de classe, de oportunidade, de raça ou etnia, de gênero, de poder.[5] E a desigualdade produz relações assimétricas e que são, a cada segundo, durante uma vida inteira, assimiladas como naturais pelos atores sociais envolvidos. E da naturalização advém a banalização.

Há barreiras jurídicas, referência que aqui se faz à lei, à sua aplicação e à sua efetividade. Mas há, antes de mais nada, barreiras culturais.

Precisamos falar sobre isso e, por isso, precisamos falar sobre *ela*.

Sociedade e cultura

Essa necessidade de falar sobre ela, neste livro, tem em vista a importância do fato social, como preconiza Durkheim; a compreensão das ações sociais, como prefere Weber; e – além e juntamente com o estudo da sociedade – também um mergulho na cultura, por fundamento, como proclamam os antropólogos.[6]

Há vários livros jurídicos sobre a violência doméstica contra a mulher, como também há várias obras e pesquisas de cientistas sociais acerca do tema a partir de cada saber, algumas referidas na bibliografia ao final.

Quis-se realizar aqui uma abordagem interdisciplinar ou, quem sabe, transdisciplinar.

Interessam ao debate deste assunto aspectos variados, a reclamar olhares sociológico, antropológico e jurídico, com atenção à história, aos fatos sociais, à sociedade, à cultura e à justiça criminal através de suas várias agências.

Outra preocupação é que essas interseções fossem identificadas e ressaltadas de maneira que esta obra, que não é de um único campo, pudesse ter sua leitura convidativa a qualquer pessoa, com seu objetivo maior que, como preconiza Lucien Goldmann, tenha valia para o grupo social,[7] notadamente o grupo social de nosso tempo, pois, afinal, o ser é o ser de seu tempo.

O tema proposto é o da violência doméstica contra a mulher, com foco naquela perpetrada por aquele que com ela mantém ou manteve vínculo afetivo, partindo de uma perspectiva histórica e procurando convocar, ainda que de forma fragmentária, diversos ramos do conhecimento social. O objetivo não é o aprofundamento dos temas, mas a reunião de diferentes olhares para que, complementando-se, permitam uma compreensão mais global do assunto.

Assim, o leitor notará que esta obra não esmiúça conceitos como homem, mulher, masculino e feminino. Mas registra-se aqui que esse terreno é vasto e, a propósito, transcreve-se trecho de artigo da antropóloga Maria Luiza Heilborn:

> Gênero é um conceito das ciências sociais que se refere à construção social do sexo. Significa dizer que a palavra sexo designa agora no jargão da análise sociológica somente a caracterização anátomo-fisiológica dos seres humanos e a atividade sexual propriamente dita. O conceito de gênero existe, portanto, para distinguir a dimensão biológica da social. O raciocínio que apoia essa distinção baseia-se na ideia de que há machos e fêmeas na espécie humana, mas a qualidade de ser homem e ser mulher é realizada pela cultura. Mas, por que é possível afirmar-se que homens e mulheres só existem na cultura, ou melhor, que são realidades sociais e não naturais?
>
> A antropologia, disciplina que estuda a diversidade cultural das sociedades, é o campo de saber que melhor pode responder esta questão. Ela sustenta que, em se tratando de cultura, a dimensão biológica da espécie humana fica bastante obscurecida na medida

> em que é próprio da condição desses seres a capacitação cultural como essencial à sobrevivência. É a cultura que humaniza a espécie, e o faz em sentidos muito diferentes.[8]

Violência é um tema gigante. A violência contra a mulher, a violência doméstica contra crianças e jovens, a violência de filhos e netos contra idosos... cada uma dessas violências é um continente. Aqui, trataremos da violência doméstica contra a mulher praticada pelo parceiro, deixando claro que, mesmo assim, diversos aspectos não estarão aqui cobertos – como a aplicação da Lei Maria da Penha no relacionamento entre pessoas do mesmo sexo –, pois esse e outros tópicos convocariam uma alteração no recorte feito. Como dito anteriormente, o objetivo deste livro é trazer o tema a debate, com foco na violência prevista no artigo 5º, inciso III, da lei referida, através de uma visão multidisciplinar, com pretensão apenas introdutória em relação ao objeto proposto.

Consigna-se, ainda, que este livro contém referências a vários países, com indicação de ocorrência de práticas que discriminam a mulher ou realizam violência contra ela. Na verdade, essas questões têm caráter global, uma vez que presentes em todos os lugares, com maior incidência e peculiaridades aqui ou acolá. Mas é de se assinalar que o objeto principal deste livro, que é a violência contra a mulher pelo companheiro ou ex-companheiro, tem como foco o Brasil, a respectiva legislação pátria produzida e as ferramentas de políticas públicas até aqui criadas.

Repete-se: precisamos falar sobre isso e, por isso, precisamos falar sobre ela, que, neste momento, pode estar em qualquer lugar e pode ser de qualquer classe social.

Efetivamente, precisamos falar sobre ela, sobre a pressão à qual está exposta, a discriminação que sofre, a violência que lhe fere de todas as formas, eventualmente lhe arrebatando a vida.

CAPÍTULO 1

Cultura, gênero e violência

"BRABÂNCIO – Aproximai-vos, gentil menina, e respondei-me: acaso percebeis neste círculo seleto alguém a quem deveis mais obediência?

DESDÊMONA – Meu nobre pai, percebo um dividido ser. A vida e a educação vos devo, educação e vida que me ensinam a saber respeitar-vos. Sois o dono do meu dever, sendo eu, pois, vossa filha. Mas também aqui vejo meu marido; e quanto minha mãe vos foi submissa, preferindo-vos mesmo aos próprios pais, tanto agora pretendo revelar-me em relação ao Mouro, a quem pertenço."

(William Shakespeare - Defesa que Desdêmona faz de seu casamento com Otelo, perante o senado e seu pai, Brabâncio. Em Otelo, o Mouro de Veneza, Ato I, Cena III)[9]

A história de nossa sociedade, vista desde a Roma Antiga, indica que o destaque social é do homem, relegando-se à mulher um papel secundário. A regra é que o homem é o governante, o comandante, o líder religioso, o chefe, o sábio, o aventureiro, o herói. O mundo, sob esse prisma, é o mundo dos homens. Logo, marcado por uma profunda desigualdade em termos de gênero.

Essa desigualdade, presente tanto no Ocidente quanto no Oriente, é refletida em práticas que afrontam direitos humanos fundamentais, estando algumas isoladas no passado, como o cinto de castidade e o direito de pernada.[10] Outras continuam existindo nos dias atuais, como o casamento infantil, a mutilação genital feminina, a falta de acesso à educação e o tráfico de mulheres.

O casamento infantil, também chamado de casamento precoce ou prematuro, é uma modalidade de casamento forçado. Embora a denominação indique envolver crianças, aplica-se também às adolescentes. O *United Nations Population Fund* (UNFPA), que é o organismo da Organização das Nações Unidas (ONU) para questões populacionais, estima que 1 entre cada 5 jovens se casa antes dos 18 anos de idade, e 1 em cada 20 antes dos 15 anos. Como destaca o UNFPA, "o casamento infantil é o produto tóxico da pobreza e da desigualdade de gênero".[11] Pesquisa realizada pelo Fundo das Nações Unidas para a Infância (Unicef) revela que o Brasil ocupa o quarto lugar, em números absolutos, em casamento ou união de moças entre 15 e 18 anos, ficando atrás apenas de Índia, Bangladesh e Nigéria.[12] O casamento precoce, com frequência, causa afastamento da escola, desvantagem no mercado de trabalho, exposição a doenças venéreas e gravidez na juventude.

O casamento forçado por vezes é precedido do crime de sequestro da noiva, que é quando um homem ou um grupo rapta uma adolescente ou mulher para forçá-la a se casar. Segundo ONG local,[13] estima-se que mais de 11.800 desses sequestros ocorram anualmente no Quirguistão, país da Ásia Central, onde essa prática é chamada de *ala kachuu*, que significa "pegar e fugir". Esse crime de sequestro, que é muitas vezes seguido de estupro, ocorre ainda em outras regiões do globo, como Moldávia, Chechênia, Armênia, Etiópia, Cazaquistão e África do Sul.[14] Eventualmente, há lei penal punindo esse delito, mas a lei é desafiada pelo costume.

Há também a gravidez forçada, que muitas vezes ocorre relacionada a conflitos, eventualmente como forma de "limpeza étnica", como na Guerra da Bósnia, entre 1992 e 1995, na região da Bósnia e Herzegovina, sendo as vítimas mulheres mulçumanas abusadas por soldados sérvios.[15] O Exército de Mianmar, antiga Birmânia, é acusado dessa mesma prática contra o povo rohingya.[16] Mulheres do povo tutsi sofreram essa e outras atrocidades no que ficou conhecido como o Genocídio de Ruanda, em 1994.[17] Nesses exemplos, a gravidez forçada ocorre por estupro em massa praticado pelo inimigo para que as mulheres violentadas gerem filhos desse outro povo. Daí vários autores se referirem a esse tipo de ataque como estratégia de genocídio, em razão do objetivo de extermínio social de um povo.[18]

A gravidez forçada ocorre também por outros motivos, como o comércio de bebês. É o caso de mulheres que são sequestradas, engravidadas contra a vontade e o bebê é vendido pela organização criminosa. A polícia da Nigéria, em 2019, libertou 19 grávidas de uma "*baby factory*" (fábrica de bebê), que é como é chamado esse tipo de cativeiro, sendo apurado que havia diferença de preço entre meninos e meninas: os primeiros eram vendidos a 1.400 dólares americanos, enquanto elas custavam 830 dólares americanos – ou seja, quase a metade do valor.[19]

Outra regra a expor o desequilíbrio dessa balança é a que extingue a punibilidade do estuprador por se casar com a ofendida. Caso emblemático e que ficou notório é o de Amina Filali, jovem marroquina de 16 anos que, em 2012, cometeu suicídio tomando veneno por não aceitar o casamento com seu estuprador. Diante da repercussão do caso, o artigo 475 do Código Penal do Marrocos foi alterado, em 2014, para excluir essa possibilidade que favorecia o estuprador.[20] Esse benefício de ordem legal, no entanto, persiste em alguns outros lugares, como a Malásia, onde é possível o casamento forçado para beneficiar o criminoso, havendo notícia de casamento com ofendida de apenas 12 anos de idade.[21] Shabudin Yahaya, político malaio, defende a regra, dizendo que ajuda a vítima a ter "uma vida melhor" e que "ela ao menos terá um marido e isso serve como remédio para evitar problemas sociais".[22]

Desigualdade há também no valor do que a mulher tem a dizer. O testemunho de uma mulher nos tribunais vale a metade do de um homem. Essa é a norma nos países onde se aplica a lei islâmica, também chamada de Sharia. Um dos motivos para esse desequilíbrio legal é que "as mulheres são mais propensas a se esquecer do que os homens devido à sua natureza especial".[23]

Uso ainda em voga em diversos lugares é a mutilação genital feminina (MGF) – cuja sigla em inglês é FGM (*female genital mutilation*) –, que é a intervenção, por razões não médicas, na genitália feminina, a afetar mais de 200 milhões de meninas e mulheres. A MGF pode ser de 4 tipos principais, que são: clitoridectomia (tipo 1), que é a remoção parcial ou total do clitóris e da pele no entorno; excisão (tipo 2), que é a remoção parcial ou total do clitóris e dos pequenos lábios; infibulação (tipo 3), que é o corte ou reposicionamento dos grandes e dos pequenos lábios, geralmente com uma costura para deixar uma pequena abertura para urina e fluído menstrual; e o tipo 4, que compreende qualquer outro procedimento na genitália feminina que não tenha razão médica, como picada, perfuração, incisão, raspagem e cauterização da área genital.[24] A Organização Mundial de Saúde (OMS) relata que essa mutilação ocorre em 30 países, sendo a maioria na África, estando presente também no Oriente Médio e na Ásia.[25]

Mulheres tiveram e ainda têm o direito à educação negado. A jovem paquistanesa Malala Yousafzai ficou mundialmente conhecida por ter sido vítima de tentativa de assassinato em 2012, quando tinha 15 anos, exatamente por defender esse direito. A ordem de sua eliminação partiu dos talibãs que haviam perdido o controle da região em que ela morava e a consideraram uma ameaça ao Islã. Malala sobreviveu ao ataque, mudou-se para a Inglaterra e, por conta de seu ativismo, se tornou a pessoa mais jovem a ganhar o Prêmio Nobel da Paz, em 2014. No Irã, as mulheres estão proibidas de concorrer a vagas em 77 cursos de 36 universidades, o que inclui áreas como educação, contabilidade e engenharia.[26] O acesso à educação é bloqueado ainda de outras formas. Guiné Equatorial, Serra Leoa e Tanzânia são exemplos de alguns dos países no continente africano onde jovens grávidas são proibidas de frequentar a escola.[27]

As mulheres são a maioria das vítimas do crime de tráfico de pessoas, representando 71%, de acordo com o Relatório Global de 2016 do *United Nations Office on Drugs and Crime* (UNODC). O principal motivo para esse delito contra as mulheres é para que sejam submetidas à exploração sexual. A motivação seguinte é para serem usadas no trabalho escravo.[28] Essas vítimas costumam temer retaliação por parte daqueles que as exploram, assim como receiam ser processadas e deportadas, pois costumam ser vistas pela polícia simplesmente como imigrantes ilegais ou como profissionais do sexo.[29]

O *site* do Consulado-Geral do Brasil em Miami, na página que trata do tráfico de pessoas, confirma a ordem de incidência dos motivos acima (exploração sexual e trabalho escravo) e indica que em terceiro lugar vem o casamento servil, que ocorre quando, mediante algum tipo de pagamento, uma pessoa é obrigada a se casar, sendo que essa designação também é aplicada às mulheres que migram para se casar com estrangeiros, mas terminam em uma relação de servidão.[30]

Há diversos outros sinais de ser longo o caminho para se atingir a igualdade de gênero.

Apenas a partir do ano de 2018 é que as mulheres tiveram o direito de dirigir automóveis na Arábia Saudita, sendo que continuam a depender da autorização do marido para vários atos da vida civil.[31] Na Nigéria, o marido tem o direito de agredir a mulher, desde que não o faça de maneira muito severa.[32] O estupro pelo marido é legal em diversos países, como Gana, Índia, Indonésia, Jordânia, Lesoto, Nigéria, Omã, Singapura, Tanzânia e Sri Lanka. Aliás, nesse último, as mulheres são proibidas de comprar bebida alcoólica, e, segundo o ministro da Saúde daquele país, o motivo é proteger "valores culturais e morais". Mulheres casadas não podem trabalhar sem a autorização do marido em ao menos 18 países e, em 29, são proibidas de trabalhar à noite. Com relação à violência doméstica, o número de países sem nenhuma proteção legal a respeito é de 46.[33]

Tamanha é a importância do tema que a ONU elegeu como fundamental o desenvolvimento de políticas para a erradicação da violência contra mulheres, o que está alinhado com os objetivos da Agenda 2030 para o Desenvolvimento Sustentável.[34] Nas palavras do secretário-geral das Nações Unidas, Dr. António Guterres: "Outro exemplo é o esforço conjunto da União Europeia e das Nações Unidas chamado *Spotlight*, que é a nova, global, iniciativa multianual com o foco em eliminar todas as formas de violências contra mulheres e meninas".[35]

Acrescenta o secretário-geral que o *Spotlight* reconhece que a eliminação dessa violência deve estar no centro dos esforços globais para se atingir a igualdade de gênero e o empoderamento das mulheres.[36]

Mas a luta pela igualdade não é de curto prazo e, na equação social, há o peso de práticas do passado e sua influência na cultura.

Não é de se esquecer que o Brasil foi o último país das Américas a abolir a escravatura.[37] Essa prática nefasta - que envolveu o tráfico negreiro, a redução de pessoas à condição de propriedade de alguém e a aplicação de penas corporais, que se dava inclusive em forma de justiça privada - era fundamentalmente violenta. Violência cuja gênese não será aqui tratada, mas cujas consequências na sociedade e nas gerações futuras ficam óbvias como marcas de ferrete.[38]

Essa violência, por fazer parte da vivência das pessoas, interpenetra na cultura. As óticas são dos vários personagens: senhor, sinhá, capataz, padre, escravo, filho livre do escravo, ex-escravo, escravocrata, abolicionista, demais membros da sociedade. A inferiorização do negro na estrutura social não se desfaz com a abolição. Ele está em desvantagem na estrutura social, desvantagem que atinge a si e a seus descendentes, e que não se resolve em poucas gerações.

Não se está afirmando aqui que a violência contra a mulher decorre de o Brasil ter tido a escravidão. Afirma-se, isto sim, que a escravidão é mais um elemento a indicar a convivência na sociedade brasileira com uma desigualdade que foi naturalizada em sua época e que se revelava através de controle e violência, podendo esta ser física, verbal e psicológica.

Dentre possíveis outras, mais uma violência banalizada na sociedade, de maneira que uma contribui para a perpetuação da outra. Nessa toada, quanto mais olhamos para o passado, mais encontramos sinais do que se acreditava ser uma *violência pedagógica*, impingida a crianças e adolescentes por pais, professores ou mesmo outros adultos que tivessem ascendência sobre os pequenos. Essa prática pode ter perdido a extensão, mas não está banida. A lição inserida nesse tipo de ação é de que o forte bate e o fraco apanha.

Temos, assim, em nossa sociedade, o convívio histórico com a violência em suas diversas formas, o que leva a uma naturalização dessa violência, passando a ter aplicação no mundo social a ideia darwinista, concebida para o mundo natural, de "sobrevivência do mais forte". Ou, melhor adaptando esse conceito para a realidade aqui tratada, que considera aspectos além da força física: "sobrevivência do que detém mais poder".

A balança do poder, entretanto, não é tão simples. Não há apenas os que têm e os que não têm poder. Há disparidades entre todos esses, figurando em maior desvantagem a mulher negra, como aponta a filósofa Sueli Carneiro:

> A mulher negra é a síntese de duas opressões, de duas contradições essenciais: a opressão de gênero e a de raça. Isso resulta no tipo mais perverso de confinamento. Se a questão da mulher avança, o racismo vem e barra as negras. Se o racismo é burlado, geralmente quem se beneficia é o homem negro. Ser mulher negra é experimentar essa condição de asfixia social.[39]

A conclusão é que, em nossa sociedade, vários estão em desvantagem e até em desvantagens cumulativas: a criança, o idoso, o negro, o pobre, o homossexual e, como não poderia faltar nesta lista de despoderados, a mulher – que, na cultura machista, além de coisificada, é objeto de inferiorização, o que está consagrado e refletido na linguagem escrita, falada e cantada, como veremos a seguir.

CAPÍTULO 2

A cultura androcrática e a inferiorização da mulher

> *"Ensine-a a questionar a linguagem. A língua é o repositório de nossos preconceitos, nossas crenças, nossas suposições."*[40]
>
> *(Chimamanda Ngozi Adichie, escritora e feminista nigeriana – tradução do autor)*

A inferiorização da mulher está entranhada na cultura e, assim sendo, é revelada também através da linguagem. Sobre o assunto, a antropóloga Eliane Vasconcellos Leitão, aponta que:

> [...] todas as expressões que têm por núcleo a palavra *homem* (o *Novo dicionário da língua portuguesa* registra 19) possuem semas positivos, mas das expressões que têm por núcleo a palavra mulher (que no *Novo dicionário da língua portuguesa* são 19), 17 têm semas relacionados com a atividade sexual e são negativas ;[41] [...]

Alguns verbetes por ela destacados e que indicam essa diferença dispensada ao homem e à mulher na linguagem são:

HOMEM

homem da rua = homem do povo

homem público = indivíduo que se consagra à vida pública

homem de bem = indivíduo honesto

homem de ação = indivíduo enérgico

MULHER

mulher da rua = meretriz

mulher pública = meretriz

mulher à toa = meretriz

mulher da vida = meretriz

Eliane Leitão mostra, ainda, como a sociedade impõe duas morais sexuais. Uma para o homem, que é permissiva. Outra para a mulher, que é restritiva. São dois pesos e duas medidas. Ele tudo pode. Para ela, há proibições. Há, portanto, um duplo valor social ditado ao gênero.[42]

Rob White e Fiona Haines apontam que esse padrão duplo, em termos de gênero, que se reflete tanto na moralidade quanto no uso do poder, já tinha sido objeto do estudo pioneiro de Carol Smart, em *Women, Crime and Criminology: a Feminist Critique*, de 1976.[43]

Camila Chagas Simões Delgado, em seu estudo sobre androcentrismo nas práticas judiciais, na mesma linha de Eliane Leitão, dá exemplos de jargões populares com mensagem de conteúdo machista, como "se ela está apanhando deve saber porquê", "em briga de marido e mulher não se mete a colher" e "por trás de um grande homem, sempre existe uma grande mulher".[44] A primeira frase reafirma a mulher como coisa sob a dominação do homem. A segunda enaltece a visão privada de uma briga de casal, ou seja, é uma disputa na qual ninguém deve interferir, um ringue sem árbitro. A terceira, com roupagem de elogio, romantiza a visão de inferioridade da mulher em relação ao homem: a mulher como sombra.

Máximas desse tipo são: "lugar de mulher é na cozinha" e "mulher tem que esquentar barriga no fogão e esfriar no tanque". Ambas sexistas e que reduzem o lugar da mulher às atividades domésticas, sobrando-lhe ser "a rainha do lar". Há também "mulher no volante, perigo constante", outra frase sexista, a reservar o domínio dos veículos ao mundo dos homens.

É de Nelson Rodrigues, jornalista, dramaturgo e cronista de costumes, a seguinte pérola: "nem todas as mulheres gostam de apanhar, só as normais".[45] Independentemente de eventual conotação a envolver prática consensual entre adultos, fato é que proposições como essa trazem simbolismo depreciativo à mulher e reforçam as mensagens de subordinação de gênero e de coisificação da mulher. Vindas de pessoas proeminentes e/ou formadoras de opinião, a amplificação desses conteúdos é ainda maior e, portanto, mais danosa.

Incontáveis são frases desse quilate proferidas por famosos. Eis a contribuição de Napoleão Bonaparte nesse terreno: "a mulher é nossa propriedade e nós não somos propriedade dela (...) Ela é, pois, propriedade, tal qual a árvore frutífera é propriedade do jardineiro".[46] Outros enunciados dessa natureza:[47]

> Existem duas maneiras de lidar com uma mulher, e ninguém as conhece.
>
> (Kin Hubbard, jornalista)
>
> As mulheres existem para que as amemos, e não para que as compreendamos.
>
> (Oscar Wilde, escritor)

Para mim só há duas espécies de mulheres: as deusas e os capachos. (Pablo Picasso, pintor)

As mulheres serão a última coisa que o homem conseguirá civilizar. (George Meredith, escritor, nomeado 7 vezes para o Prêmio Nobel de Literatura)

A misoginia tem reflexo também nas artes. O cantor Francisco Alves, em 1931, fez sucesso com a canção *Mulher de Malandro*, de Heitor dos Prazeres, cuja estrofe inicial é:

Mulher de malandro sabe ser

Carinhosa de verdade

Ela vive com tanto prazer

Quanto mais apanha

A ele tem amizade

Longe dele tem saudade

No primeiro breque, comenta: "há um ditado muito esperto: pancada de amor não dói".[48]

Outro sucesso na voz de Chico Alves foi *Amor de Malandro*, composta em parceria com Freire Junior e Ismael Silva (1929), que proclamava que bater em mulher era sinônimo de paixão:

O amor é o do malandro

Oh! Meu bem

Melhor do que ele ninguém

Se ele te bate

É porque gosta de ti

Pois bater-se em quem

Não se gosta

Eu nunca vi

O cantor e compositor argentino Cacho Castaña fez sucesso em seu país com *Si te agarro com outro te mato*, em 1975. Sidney Magal gravou versão em português dessa música no ano seguinte, com grande sucesso. O verso recorrente da canção é uma ode à ameaça, ao feminicídio e à impunidade: "Se te agarro com outro te mato; te mando algumas flores e depois escapo".

Mais recentemente, na virada do século, o funk *Só um tapinha (NALDINHO, DENNIS, 2000)*, nas vozes de MC Bella e MC Naldinho, estourou nas paradas de sucesso. O refrão ameniza o ato de bater. Leia-se, o ato dele bater nela:

> Dói, um tapinha não dói
>
> Um tapinha não dói
>
> Um tapinha não dói
>
> Só um tapinha

Os exemplos de pensamentos e práticas de inferiorização da mulher são incontáveis. A respeito, Frances Heidensohn lembra que uma frase humorística tradicional na Inglaterra era: "você já parou de espancar sua esposa?".[49] Essa pergunta usualmente arrancava gargalhadas da plateia, que era composta de homens e mulheres. De que se ria? De seu próprio drama? Do drama alheio?

Alia-se a esse sistema complexo, cultural, de múltiplas causas, a questão da família patriarcal, entidade que nos vem da Roma Antiga e na qual o homem detém poderes de controle e dominação sobre aqueles sob sua *potestas*. O *pater familias*, em Roma, podia manter em sua casa o *ergastulum*, que era uma espécie de cativeiro para servir de castigo àqueles sob suas ordens. Essa cela, como cômodo da residência, se desvaneceu ao longo do tempo. A violência perpetrada contra a mulher no seio do lar, entretanto, continuou.

Saltemos vários séculos para aportar no Brasil Colônia, onde as Ordenações Filipinas, em matéria penal, vigoraram de 1603 até 1830, e, por exemplo, garantiam ao marido "o direito de matar a mulher caso a apanhasse em adultério", direito de vida e morte também na hipótese de mera suspeita de traição, sendo suficiente haver um boato a respeito.[50]

O Código Filipino[51] sai de cena e, em seu lugar, entra o Código Criminal do Império, de 1830, que em seu artigo 250 dispunha que "*a mulher casada, que commetter adulterio, será punida com a pena de prisão com trabalho por um a tres annos*".[52] O artigo seguinte determinava que o homem casado estaria sujeito à mesma pena, mas o requisito para a criminalização de seu adultério era que fosse praticado com "concubina, teúda e manteúda". A sanção era a mesma, mas os requisitos não. Qualquer adultério da mulher seria crime. Do homem, apenas o seria se praticado com concubina por ele mantida. Isto é, com habitualidade e dependência econômica, em situação que o jargão popular denominou "matriz e filial".

A mulher era propriedade do homem, fosse na relação marido e mulher ou na relação pai e filha. Daí, inclusive, o poder do marido de "enclausuramento forçado de esposa e filhas".[53] Essa supremacia do homem sobre a mulher no âmbito da família "fez do espaço do lar um local privilegiado para a violência contra a mulher".[54] Como pontua Barbara Musumeci Soares: "os mesmos atos que, perpetrados no espaço público, por desconhecidos, mobilizariam o horror dos transeuntes e a pronta intervenção policial, até recentemente eram vistos como uma questão de ordem privada"[55].

Traços desse patriarcalismo/machismo estão estampados no Código Civil de 1916, que vigorou até 2002. Veja-se, por exemplo, seu artigo 6º, inciso I, que dispunha serem incapazes, relativamente a certos atos, "as mulheres casadas, enquanto subsistir a sociedade conjugal".[56] Essa desigualdade era reforçada pelo artigo 233 do mesmo Código, que assim estipulava: "o marido é o chefe da sociedade conjugal". Ou seja, a mulher, quando casava, segundo a lei, tornava-se incapaz para certos atos e estava subordinada ao marido. Nessa lógica, o casamento dava ao marido *status* de chefe.

Esse diploma legal previa, ainda, a possibilidade de o marido requerer a anulação do casamento na hipótese de defloramento da mulher por ele ignorado (combinação dos artigos 218, 219, inciso IV, e 220 daquele Código). Ou seja, mais um permissivo legal a refletir a desigualdade de gênero.

Vários aspectos sobre desigualdade de gênero estão expostos na charge *AN ANTI-SUFFRAGE VIEWPOINT* (*UM PONTO DE VISTA ANTISSUFRÁGIO*, em português), *de* W. E. Hill, publicada em 1915:[57]

O ambiente é uma festa de *Réveillon* e o homem de pé, visivelmente na companhia de mulheres, diz: "– Lá está minha esposa! E aposto que está me procurando!". Ao que uma das pessoas da mesa comenta: "– Oh, querido! Por que algumas pessoas não conseguem entender que o lugar de uma mulher é em casa?".

Ali é retratado um homem que desfruta de mais autonomia e liberdade do que a esposa, com o reforço da ideia de que o lugar de mulher é em casa, inclusive para não pretender votar.

A respeito do movimento sufragista nos Estados Unidos, após décadas de batalha, o direito de voto das mulheres foi reconhecido com a ratificação da 19ª Emenda à Constituição, em 1920. Mesmo assim, só em 1984 é que o Mississipi ratificou essa regra constitucional que universalizou o voto.[58]

No Brasil, o direito ao voto só foi reconhecido às mulheres com a aprovação do Código Eleitoral de 1932.[59]

Essas desigualdades sociais até aqui pontuadas podem ser mais bem compreendidas com um olhar sobre o patriarcado, sistema social no qual as famílias ou sociedades inteiras são organizadas em torno da ideia de um pai. Entretanto, muitas modificações ocorreram com a família ao longo do tempo. Era comum que muitas fossem numerosas, bem como eram usualmente compostas por pai, mãe e filhos. A família, de uma forma geral, diminuiu de tamanho, a naturalização do divórcio permitiu novos casamentos ao longo de uma vida e muitas famílias passaram a ser monoparentais, o que em língua inglesa é chamado de *one-parent family*.

Se esses e possivelmente outros fatores contribuíram para que o patriarcado perdesse força social, seu lugar não ficou vago, mas ocupado por uma "nova ordem de política de sexos", que "é *androcrática* (baseada no princípio da dominação do homem)" e também "é *androcêntrica* (que dá a maior importância ao homem e ao que ele faz)".[60] Ou seja, um novo que na verdade é velho. A roupa mudou um pouco, mas, por enquanto, foi só isso, tendo em vista que muito ainda continua a contribuir e a retroalimentar a antiga desigualdade de gênero.

É nesse caldo cultural complexo, em que há um convívio naturalizado com a violência e onde as mulheres estão inferiorizadas na estrutura social, afastadas da participação do poder, que elas, enquanto grupo, sofrem um ataque que as atinge exatamente por serem mulheres. Essa violência contra a mulher é um gênero de uma violência mais específica que é a violência doméstica contra a mulher. A vítima dessa violência especial a atrair a atenção deste estudo é a que tem por agressor o marido/companheiro/namorado carrasco, em um processo que também se revela reprodutor de violência.[61] A gravidade dessa violência se reflete nos números apresentados no relatório do Escritório das Nações Unidas sobre Drogas e Crime (UNODC), que indica que, em 2017, aproximadamente 87 mil mulheres no mundo foram vítimas de assassinato, sendo que, desse número, 50 mil, ou seja, mais da metade, foram mortas por parceiros íntimos ou parentes; sendo que 30 mil, isto é, mais de um terço, tiveram suas vidas ceifadas por seus companheiros ou ex-companheiros.[62]

O recôndito do lar, ao invés de significar aconchego e privacidade, torna-se a arena livre para o homem abusador dominar e maltratar a companheira, que se torna vítima invisível. Vítima dele e invisível para todos, seja por conta do pacto de silêncio de vizinhos e da família, seja porque submetida ainda ao frágil sistema de proteção estatal disponível. Aliás, vítima de um crime de natureza continuada, visto que se repete, além da escalada na gravidade de seu cometimento, a culminar com vítimas fatais.

A partir de uma história de desigualdade da mulher na sociedade, foram pontuadas neste capítulo violências que a atingem, no tempo e no espaço, bem como ressaltado que a cultura reflete e retroalimenta essas desigualdades para, ao final, tocar na questão da violência doméstica contra a mulher, especialmente aquela praticada pelo parceiro, que será tratada de forma mais ampla ao longo desta obra.

Passemos ao capítulo seguinte, que abordará o movimento feminista, importante que é na pavimentação desta estrada que pode e deve nos levar à estação da igualdade de gênero, tendo inclusive influenciado legislações internacional e nacional a respeito do tema.

CAPÍTULO 3

Em busca da igualdade

> *"Ensine a ela que a ideia de 'papéis de gênero' é um completo absurdo. Nunca diga a ela que ela deve ou não fazer algo porque é uma menina. 'Porque você é uma garota' nunca é motivo para nada. Nunca."*[63]
>
> *(Chimamanda Ngozi Adichie, escritora e feminista nigeriana – tradução do autor)*

O movimento feminista, na denominada primeira onda, ocorreu entre o final do século XIX e o início do século XX, sendo seu principal objetivo a busca de igualdade de direitos para as mulheres, que tem sua tônica no movimento sufragista. A segunda onda do movimento ocorreu entre os anos 60 e 90, com a ampliação da luta por igualdades social e jurídica, para se combater as diversas formas de opressão às mulheres. A terceira onda "é o período iniciado a partir dos anos 90 e pode ser definido pela busca de total liberdade de escolha das mulheres em relação às suas vidas".[64]

As perspectivas feministas, em criminologia, partem da "premissa de que as mulheres estão em uma desvantagem estrutural na sociedade atual"[65], pelo que a "dominação do homem e subordinação da mulher são uma parte entranhada do patriarcado, que expressa desigualdades fundamentais entre os sexos".[66] Essas desigualdades e o despoderamento das mulheres se refletem no sistema legal.

A Declaração Universal dos Direitos Humanos, adotada em 1948, dá relevo à igualdade de direitos, pois ali os "povos das Nações Unidas" proclamaram "a sua fé nos direitos fundamentais do Homem, na dignidade e no valor da pessoa humana, na igualdade de direitos dos homens e das mulheres".[67]

Maria Berenice Dias sublinha que os direitos subjetivos do homem e do cidadão tiveram a terminologia alterada para direitos humanos em decorrência do movimento feminista, por conta "da carga sexista da expressão".[68]

Essa igualdade entre homens e mulheres é preconizada na Constituição da República Federativa do Brasil, de 5 de outubro de 1988, que, em seu artigo 5º, inciso I, dispõe que "homens e mulheres são iguais em direitos e obrigações".[69] Merece registro que o artigo 3º da Carta Magna, que trata dos objetivos fundamentais da República, estipula em seu inciso IV: "promover o bem de todos, sem preconceitos de origem, raça, sexo, cor, idade e quaisquer formas de discriminação".[70] Infelizmente, a despeito da Declaração Universal dos Direitos Humanos e de nossa Constituição Federal, as desigualdades e a violência de gênero não encontraram fim neste século XXI. Mas é importante que tratem do tema, pois servem como farol para as legislações que lhe devem obediência hierárquica e também para orientação de políticas públicas.

Examinemos, então, o tratamento legislativo, seja no plano internacional, seja no plano interno, dessa violência, sua definição e estatísticas.

O Brasil é signatário da *Convenção Interamericana para Prevenir, Punir e Erradicar a Violência contra a Mulher*[71], expedida em 9 de junho de 1994, que, em seu artigo 1, define a violência contra mulheres como "qualquer ato ou conduta baseada no gênero, que cause morte, dano ou sofrimento físico, sexual ou psicológico à mulher, tanto na esfera pública como na esfera privada".[72]

A Convenção referida, em seu artigo 2, dispõe que a violência contra a mulher abrange a violência física, sexual ou psicológica quando:[73]

> A. ocorrida no âmbito da família ou unidade doméstica ou em qualquer relação interpessoal, quer o agressor compartilhe, tenha compartilhado ou não a sua residência, incluindo-se, entre outras formas, o estupro, maus-tratos e abuso sexual;
>
> B. ocorrida na comunidade e cometida por qualquer pessoa, incluindo, entre outras formas, o estupro, abuso sexual, tortura, tráfico de mulheres, prostituição forçada, sequestro e assédio sexual no local de trabalho, bem como em instituições educacionais, serviços de saúde ou qualquer outro local; e
>
> C. perpetrada ou tolerada pelo Estado ou seus agentes, onde quer que ocorra.

Registra-se que a ONU, por seu Comitê sobre a Eliminação da Discriminação contra as Mulheres, publicou, em 23 de julho de 2015, a Recomendação Geral nº 33, que trata do acesso das mulheres à justiça.[74] Esse documento traz uma série de recomendações sobre o tema dirigidas aos Estados partes, o que inclui o Brasil, pois é signatário da Convenção para Eliminação de Todas as Formas de Discriminação Contra a Mulher, usualmente denominada pela sigla em inglês CEDAW.[75]

Os números disponíveis relativos aos crimes de gênero impressionam, sendo que a denominada "cifra oculta"[76] indica que a soma dos crimes registrados com os delitos não reportados faz mais grave esse duro quadro.

Há todo um bastidor psicológico a massacrar essas vítimas e que milita para que fiquem anônimas, sendo-lhes comum o desenvolvimento de uma baixa autoestima, assim como outras características:

> Aprendem a desenvolver uma baixa autoestima (colocando as necessidades do outro à frente das suas); a se tornar defensivas (tomando como pessoal qualquer crítica – em função de sua baixa autoestima); a perder a confiança nas pessoas próximas ou a confiar exageradamente (a esperar que alguém assuma o controle de suas vidas, já que não veem nenhum valor em si próprias); a ter medo (tornando-se facilmente assustadas e sobressaltadas); a entrar em pânico (por motivos insignificantes); a tornar-se dependentes (delegando ao outro as mínimas decisões); a tornar-se extremamente cautelosas (no esforço de prevenir a raiva do parceiro). Elas aprendem, ainda, a se sentir culpadas e a superdimensionar sua responsabilidade (aceitando facilmente a culpa que lhes é imputada pelo agressor); acreditam que devem desempenhar o papel da "supermulher" (para garantir as condições que previnam o abuso).[77]

Esses delitos contra a mulher ficam escondidos da luz do dia por vários motivos, dentre eles: vergonha por parte da vítima; baixo poder de reação da vítima por possuir condição econômica precária e/ou baixo nível de instrução; exposição à violência quando criança (vítima direta de violência ou testemunha desta), a contribuir para que a aceite; falta de confiança nas instituições (polícias, Ministério Público e Judiciário).

A atitude omissiva de muitas vítimas em não procurarem as instituições ligadas ao sistema de Justiça Criminal pode ter várias motivações. Um dos possíveis motivos é que não se sintam confortáveis em se dirigirem a tais ambientes, majoritariamente masculinos, cujos espaços se apresentam pouco convidativos, não passando para essas vítimas a ideia de que serão ouvidas ou acolhidas.

Muitas vítimas nem procuram a delegacia ou chamam a polícia por temerem que o caso não seja levado adiante, isto é, que seja considerado o que no jargão policial se chama de "feijoada", usado para ocorrências que os agentes avaliam como não criminais ou de infrações penais de menor relevância e que, na avaliação desses policiais, não costumam dar resultado prático, apenas trabalho burocrático.

A propósito, Heidensohn destaca que as instituições ignoram ou relevam a violência do homem contra a mulher: "A maioria das pesquisas já realizadas indica que as agências oficiais são bastante relutantes em proteger as mulheres da violência praticada pelo homem. A polícia tem sido notoriamente resistente a intervir em casos de violência doméstica".[78] A socióloga britânica, referindo-se a estudo de Dobash e Dobash (1979), aponta ainda que policiais raramente efetuam prisão em flagrante quando é caso de violência praticada pelo marido contra a esposa.[79]

Após sofrer uma violência, caso a vítima procure as instituições públicas, o agressor certamente será intimado a depor e é com ele que a vítima, no caso de violência doméstica, continua a conviver, o que contribui para a percepção dela de que tudo pode ser ainda pior – em razão de possível represália e agravamento das violências por parte do companheiro abusivo.

Há, portanto, um fator em cena, certamente potencializado pelas razões descritas, que torna mais difícil se lidar com esse tipo de crime: o silêncio.

Além disso, para tornar a realidade mais amarga para as vítimas desse tipo de violência, há indicativos de que ela não ocorre apenas uma vez. Estudos têm confirmado que a violência doméstica costuma produzir uma vitimização múltipla, ou seja, as agressões são repetidas pelo agressor. Indicam também uma tendência a haver, ao longo do tempo, uma escalada na frequência e na gravidade das agressões.[80]

Vejamos alguns números sobre a violência contra a mulher, tanto a violência geral quanto a doméstica, especialmente no Brasil.

O *Anuário Brasileiro de Segurança Pública* registrou, para o ano de 2015, a ocorrência de um estupro a cada 11 minutos no país, sendo razoavelmente estimado, em razão da subnotificação, que tal número represente apenas 10% da realidade.[81]

A obra *Panorama da violência contra as mulheres no Brasil*, nº 2 (SENADO FEDERAL, 2018, p. 16), apresenta os seguintes números referentes aos registros de ocorrências de atos violentos contra mulheres para o ano de 2016 (total nacional - Fonte: Sinesp/MJ):

Ameaça	427.377
Lesão corporal dolosa	222.779
Estupro	21.728
Crimes violentos letais intencionais	3.355

Estudo da Organização Mundial da Saúde aponta que as pesquisas sobre o tema indicam a coexistência de diferentes tipos de violência: "por exemplo, uma pesquisa sobre violência praticada por parceiro íntimo contra a mulher, tomando por base vários países, mostrou que a agressão física é usualmente acompanhada de violência sexual, bem como de abuso emocional".[82]

Pode-se concluir que um parceiro abusivo não pratica um único tipo de violência contra sua vítima e que esta não ocorra apenas uma vez. E de violência em violência, chega-se a maior de todas: o crime contra a vida.

O Observatório de Igualdade de Gênero, da Comissão Econômica para a América Latina e o Caribe, apurou que, em 2017, pelo menos 2.795 mulheres foram assassinadas por motivo de gênero em 23 países da América Latina e do Caribe, sendo o Brasil líder dessa lista em relação a números absolutos, com 1.133 vítimas.[83]

Pesquisa do Instituto Avon em parceria com o Data Popular, em dezembro de 2014, entrevistou 1.029 mulheres jovens, com idades entre 16 e 24 anos, e levantou que 2/3 delas já sofreram violência ou controle do parceiro.[84] Pesquisa do Senado Federal, de agosto de 2015, revelou que uma em cada cinco mulheres no Brasil já foi espancada pelo marido, companheiro, namorado ou ex.[85]

A violência geral contra a mulher e a violência específica praticada pelo parceiro ou ex são uma realidade, com traços de epidemia. Compreender a fórmula complexa por trás desses fatos carece de um mergulho na discriminação que existe contra a mulher, assim como na desigualdade de gênero nas relações de poder.

CAPÍTULO 4

Discriminação, gênero e poder

"Sou professora adjunta com doutorado em Ciência da Computação. Recentemente, durante uma reunião em que se discutia a contratação de professores, eu explicava que um certo candidato não deveria ser contratado para a vaga porque ele não tinha experiência com dados médicos, que são esparsos, confusos e exigem muita arrumação. Fui cortada após falar 'arrumação' por um colega do sexo masculino, que disse ter certeza que eu sabia muito sobre 'arrumação'. As pessoas riram."

(Depoimento anônimo ao NYTIMES – tradução do autor)[86]

A discriminação, apesar de combatida pela Constituição, existe e faz mal. No plano individual, faz mal a quem a sofre. No plano coletivo, faz mal a todos. Se quisermos saber se há discriminação racial, essa pergunta deve ser feita àqueles do grupo em desvantagem. O mesmo para qualquer outro tipo de discriminação. Assim, vejamos a percepção de mulheres a respeito de existir ou não a discriminação de gênero.

Eis a manifestação da ministra Cármen Lúcia, do Supremo Tribunal Federal (STF), quando na presidência daquela Corte, em encontro com presidentes de Tribunais de Justiça:

> Eu sei que o preconceito é difícil de passar, ainda é grande, e eu falo de cátedra. Eu não preciso do testemunho de ninguém para saber que há preconceito contra a mulher. Tem contra mim. Claro que a manifestação contra mim, enquanto juíza do STF, é diferente de uma mulher que não tem um trabalho, uma independência financeira, independência psicológica ou que não tem condições de uma formação intelectual, mas ele [preconceito] existe contra mim e é exercido, ainda que não dito. Também não preciso de ninguém para me lecionar isso.[87]

A ministra Cármen Lúcia, que frequentemente aborda o tema, em discurso no seminário "*Mulheres na Justiça*", organizado pela embaixada da França em Brasília, em 26 de outubro de 2017, salientou que a desigualdade de gênero existe em todos os poderes: "todos os poderes, por exemplo, de cargos públicos, Judiciário, Ministério Público ou mesmo a advocacia, são cargos que tiveram modelos segmentados socialmente para homens e pelos homens".[88]

Grace Mendonça, primeira mulher a chefiar a Advocacia-geral da União, no mesmo evento ("*Mulheres na Justiça*"), destacou o preconceito social contra a mulher: "Uma sociedade machista e que ainda estranha ter uma mulher em posição de destaque".[89]

A ministra Laurita Vaz, primeira mulher a ocupar a Presidência do Superior Tribunal de Justiça (STJ), no seminário *Elas por Elas*, realizado pelo CNJ, em Brasília, em 20 de agosto de 2018, a respeito da discriminação de gênero, falou: "O valor de ser mulher é inegociável, e devemos ser implacáveis com aqueles que tentam nos diferenciar pela condição de gênero".[90] Ao abordar a desigualdade, ressaltou que "as mulheres continuam ganhando menos do que os homens em rigorosamente todos os cargos examinados por pesquisas relevantes".[91] Sobre a violência de gênero, disse:

> A agressão contra a mulher não se limita à violência real, mas também à persistente e disseminada violência simbólica. Trata-se de uma força invisível, mas terrivelmente potente, que de tempos em tempos se torna ainda mais vigorosa em razão de certos discursos descuidados.[92]

Leia-se "discursos descuidados" por parte de pessoas que detêm poder, que têm visibilidade, que formam opinião. O exercício do poder pode ser escravizador ou libertador, não havendo para isso meio-termo. Quanto mais poder e visibilidade, mais as atenções se voltam para aquela pessoa. Se for dada a falar coisas inconsistentes, se for rasa em suas avaliações, se seu discurso reproduz estereótipos, se sua habilidade de expressão for deficiente, o estrago é enorme. É, do ponto de vista de um aprimoramento social, a perda de uma chance. Se, ao contrário, os que detêm poder o exercitam com propriedade, de forma republicana, democrática e se ainda detiverem habilidades de comunicação, com forma e conteúdo, a sociedade avança.

É exatamente porque o machismo ainda tem força na sociedade que, sem dificuldade, dele encontramos exemplos, pelo que temos um bem emblemático, que foi o ataque feito em um comentário em rede social a uma desembargadora do Tribunal de Justiça do Estado do Amazonas. O ofensor assim registrou por escrito: "Pela carinha, quando for demitida poderá fazer faxina em casa. Pago R$ 50,00 a diária".[93] O internauta em questão era Rogério Zagallo, promotor de Justiça, tendo o Conselho Nacional do Ministério Público lhe aplicado pena de 30 dias de suspensão por essa conduta, em sessão de 23 de abril de 2018. A propósito, vide trecho do voto do relator:

> [...] a manifestação do requerido, ainda que este não a reconheça como tal, tem sim as características de preconceito de gênero, já que, com chacota e soberba, menospreza e insinua como inferior a própria condição das mulheres que se dedicam ao trabalho doméstico: [...][94]

No caso acima, o preconceito de gênero se apresenta de forma dupla: pelo menosprezo às mulheres que realizam trabalho doméstico e pelo desrespeito ao cargo da ofendida (desembargadora), isto é, dificuldade de aceitar mulher em cargo de poder. Afinal, soa inimaginável comentário semelhante dirigido a um homem ocupante do mesmo cargo.

Outra história de misoginia, amplamente divulgada na época, ocorreu com Betânia Porto Pinto, comandante do voo 5348, da Trip Linhas Aéreas, no Aeroporto de Confins, em Minas Gerais, em 18 de maio de 2012. Um passageiro, que veio a se saber depois se tratar de um engenheiro, ficou irresignado ao saber que a aeronave seria pilotada por uma mulher, tendo ele dito "que faria uma reclamação para companhia, para informar quando fosse uma mulher comandante, para ele ter a opção de não embarcar".[95] Essa indevida pretensão, se realizável, inauguraria o Código de Defesa do Consumidor Preconceituoso e, como no caso anteriormente relatado, impossível imaginar o contrário acontecendo.

Raquel Dodge, primeira mulher a assumir a Procuradoria-geral da República, na 2ª Conferência Regional de Promotoras e Procuradoras de Justiça dos Ministérios Públicos estaduais, em Salvador, falou sobre a violência e a discriminação contra a mulher:

> A violência e a discriminação contra as mulheres no âmbito doméstico, nos transportes públicos, no ambiente de trabalho são muito altas no Brasil. Resulta em feminicídio, em assédio moral e sexual, em ofensa à integridade física e psicológica, em intolerância religiosa, em salários menores para a mesma função. São práticas proibidas pela Constituição e pelas leis vigentes que temos nós mulheres, nós do Ministério Público, a incumbência de combater. Todos os seres humanos têm direito à mesma dignidade, mas é preciso falar do esforço cotidiano para equilibrar os desafios familiares, conjugais e profissionais.[96]

A ministra Maria Cristina Peduzzi, primeira mulher presidente do Tribunal Superior do Trabalho, na abertura do 5º Webinário da Escola Nacional de Formação e Aperfeiçoamento de Magistrados (Enfam), em videoconferência que tinha por tema "*A mulher e o Judiciário*", assim se manifestou sobre as desigualdades às quais as mulheres estão expostas no trabalho:

> Temos identificado que a mulher tem sido mais vulnerável na relação para exercer o seu trabalho. Penso que, apesar de termos conquistado a igualdade formal, não conseguimos implementar a igualdade material nos diversos aspectos do trabalho humano. As mulheres continuam também recebendo salário menor do que os homens e continuam sendo preferencialmente as vítimas dos assédios sexual e moral.[97]

A ministra Maria Elizabeth Guimarães Teixeira Rocha, primeira mulher a integrar o Superior Tribunal Militar, analisa as dificuldades enfrentadas pelas mulheres e destaca a importância de movimentos em prol da conscientização pela isonomia de direitos:

> O mundo e as mentalidades estão em constante transformação, o que tem resultado na tomada de consciência sobre a especificidade da mulher, de sua condição de exploração, discriminação, alienação, exclusão e abuso. Dessa consciência provieram movimentos como #MeToo, "Não é Não", "Mexeu com uma, mexeu com todas", #Myjobshouldnotincludeabuse e a Marcha Mundial das Mulheres, entre outras manifestações. Hoje as mulheres no Irã tiram o véu para reivindicar a igualdade, as atrizes de Hollywood se vestiram de preto para sepultar metaforicamente os abusos e as agressões masculinas, um protesto que resvalou no importante movimento "Time's up", que incluiu um fundo para financiar ações judiciais de profissionais com baixa remuneração que venham a ser vítimas de assaltos eróticos na indústria cinematográfica norte-americana.[98]

A juíza Renata Gil, primeira mulher a ocupar a Presidência da Associação dos Magistrados Brasileiros (AMB), tem permanentemente se posicionado contra a desigualdade de gênero. No artigo *Mulheres e democracia: pela igualdade de gênero nas esferas pública e privada*, publicado na Folha de São Paulo, em 8 de março de 2020, Dia Internacional da Mulher, relacionou a participação das mulheres em espaços de poder com a efetividade da democracia:

> Um dos critérios primordiais para se aferir o desenvolvimento social de um país é a abertura de seus espaços de poder à ocupação feminina. Quanto menor a aceitação das mulheres, mais desigual é a sociedade e, consequentemente, menor é a efetividade da democracia.[99]

No mesmo artigo, a juíza reforça a fundamentabilidade, para a sociedade, da participação da mulher em posições de poder: "A inclusão das mulheres nos postos de comando é um exercício de evolução republicana, por meio do qual a nação se preparará para os desafios do amanhã".[100] E arremata: "É preciso que essa proporção seja refletida nos Três Poderes e nas esferas decisórias da iniciativa privada para que nossa democracia deixe de ser inacabada".[101]

Ruth Bader Ginsburg, juíza da Suprema Corte dos Estados Unidos da América de 1993 até seu falecimento em 2020, aclamada defensora da igualdade de gênero, disse: "As mulheres pertencem a todos os lugares onde as decisões são tomadas. Não deveria ser que as mulheres sejam a exceção".[102]

Acima, as falas de mulheres de destaque, expondo preconceitos e desvantagens da estrutura social contra a mulher, inclusive proclamando a necessidade de sua maior participação em ambas as esferas pública e privada.

O Fórum Econômico Mundial, em sua publicação *The Global Gender Gap Report 2018*, mostra o Brasil na 95ª posição do *ranking* mundial de igualdade de gênero, tendo o estudo considerado 149 países.[103] Essa pesquisa leva em consideração, dentre outros fatores: a igualdade salarial entre homens e mulheres que têm empregos similares; e a proporção de mulheres em posições-chave nos Poderes da República.

A sub-representação das mulheres é evidente na política. A ONU Mulheres,[104] em parceria com a União Interparlamentar (UIP), em 2017, elaborou um estudo com 174 países, figurando o Brasil na 154ª posição no tocante à representação feminina. Em outro *ranking*, envolvendo 33 países latino-americanos, quanto à presença de mulheres nos parlamentos nacionais, o Brasil ficou em penúltimo lugar, apenas na frente de Belize.[105]

A sub-representação das mulheres na política é verificada também no panorama internacional. Em 2018, apenas 20 mulheres ocupavam a posição de liderança como Chefes de Estado ou Chefes de Governo, o que significa apenas 6,3% do total de líderes globais.[106]

Essa presença reduzida das mulheres é igualmente confirmada no mundo empresarial. A lista de CEOs das 500 maiores empresas listadas no *S&P Dow Jones Indices* mostra que há apenas 24 mulheres CEOs, enquanto 476 são homens. Ou seja, menos de 5% naquele grupo.[107]

Pesquisa realizada pela Fundação Getulio Vargas (FGV) indica a pouca presença das mulheres em cargos de alta direção de empresas no Brasil: apenas 8%.[108]

Os números a respeito dessa participação das mulheres em cargos diretivos ainda são tímidos. Mas vários movimentos estão em ação, merecendo destaque a atuação da BlackRock, empresa norte-americana que é a maior gestora de ativos no mundo e que tem proclamado a importância de se atuar com responsabilidade social, pelo que colocou em sua pauta a sustentabilidade, compreendendo esse conceito de forma ampla, a englobar tanto risco climático quanto "a diversidade da sua força de trabalho".[109] No entender de seus dirigentes, a realização dessa agenda não pode ficar apenas a cargo de governos, cabendo a atuação conjunta às empresas, bem como aos investidores.

A BlackRock, com seu alto poder de investimento, marca sua atuação empresarial com essa agenda positiva e, assim, diz a governos e empresas que não investe apenas visando ao lucro e que só o fará se estes também assumirem a mesma diretriz pela sustentabilidade. Sobre inclusão e diversidade, eis a declaração da BlackRock: [110]

> Acreditamos que as empresas que não consideram seriamente as questões de inclusão e diversidade (I&D) não conseguem entender completamente as forças que moldam seus negócios, a economia e o mundo. Os desafios mais difíceis de hoje vêm de um mundo diversificado e interconectado; um grupo diversificado e bem conectado de profissionais tem a melhor chance de responder a esses desafios. Inclusão e diversidade não são, portanto, apenas um foco baseado em valores, mas uma significativa consideração de investimento. (tradução do autor)

Esse posicionamento firme a respeito da diversidade está refletido na governança da companhia:

> O Conselho de Administração da BlackRock acredita que a diversidade no Conselho é fundamental para o sucesso da empresa e sua capacidade de criar valor a longo prazo para seus acionistas. O Conselho fez e continuará a fazer da diversidade de gênero, etnia, idade, experiência profissional e localização geográfica – assim como diversidade de ideias – uma prioridade ao avaliar os candidatos à Diretoria. As várias origens de nossos Diretores individuais ajudam o Conselho como um todo a avaliar melhor o gerenciamento e as operações da BlackRock e avaliar riscos e oportunidades para o modelo de negócios da empresa. (tradução do autor)[111]

A empresa trilionária, que conta com 5 mulheres no Conselho que tem 16 membros, acredita que a presença delas não é uma questão de *pink code*, mas de enriquecimento nos processos de tomada de decisão, e tem cobrado de outras empresas a ampliação da participação de mulheres em seus Conselhos.[112]

Chris Bart e Gregory McQueen conduziram pesquisa sobre a presença de mulheres em cargos diretivos e, como resultado, publicaram o artigo *Why women make better directors* (*Porque mulheres são melhores na direção de empresas* – tradução do autor), onde apontam que elas trazem diversas vantagens:

> Mais especificamente, nossa pesquisa descobriu que as mulheres nos conselhos são significativamente melhores do que os homens na tomada de decisões por causa de suas habilidades de "Raciocínio moral complexo" (RMC), o que envolve reconhecer e considerar os direitos de terceiros na busca de justiça, usando uma abordagem de cooperação social e construção de consenso, que é consistentemente aplicado de forma não arbitrária. A importância dramática disso é destacada quando se considera que o papel dos diretores é apenas tomar decisões ou, mais precisamente, ajudar o conselho a tomar decisões. (tradução do autor)[113]

Bart e McQueen se referiram a vários estudos, tendo destacado achados como: 66% a mais de retorno de capital investido em conselhos com alta representação de mulheres; e que a presença de uma mulher no conselho reduz o risco de falência em 20%.

Uma brasileira de destaque é a economista Maria Silvia Bastos Marques, que foi presidente da Companhia Siderúrgica Nacional (CSN) e primeira mulher a presidir o Banco Nacional de Desenvolvimento Econômico e Social (BNDES). Seu nome integrou uma lista com as 50 mulheres mais poderosas no mundo corporativo fora dos Estados Unidos, publicada na Revista Fortune, em 2001. Maria Silvia destaca o valor da diversidade no trabalho: "Homens e mulheres são, de fato, diferentes na forma de gerir os negócios. E por isso é importante buscar a diversidade, diferentes formas de encarar um mesmo problema".[114] Para ela, a mulher em cargo de gerência e diretoria, "é um ativo e não um passivo".[115]

É fundamental que haja a maior participação das mulheres em posições de liderança, na política e na economia, de forma que essa "partilha do poder" seja mais equilibrada no tocante ao gênero, a possibilitar, como preconiza a BlackRock e como acredita Maria Silvia, que decisões melhores sejam tomadas.

A jornalista e escritora Rosiska Darcy de Oliveira, das poucas mulheres a tomar assento na Academia Brasileira de Letras, sempre se manifestou em favor da igualdade e vê a participação das mulheres em todas as dimensões da vida social como fundamental ao combate à discriminação de gênero:

> As mulheres têm ganho mais e mais espaço em setores estratégicos no mundo contemporâneo, como nas áreas de comunicação, informática, gerenciamento de recursos humanos, direito e medicina. A constituição desta "massa crítica" de mulheres, bem formadas e informadas em postos-chave na sociedade civil, no setor privado empresarial, na mídia e no governo, é a principal garantia de um combate cada vez mais eficiente ao anacronismo da discriminação.[116]

Essa participação social passa pelo poder, que, como definido pela antropóloga mexicana Marcela Lagarde y de Los Rios, é "a capacidade de decidir sobre a própria vida"[117] e "consiste também na capacidade de decidir sobre a vida do outro".[118] Quanto mais a pessoa se autodetermina, mais poder detém e vice-versa. Quanto mais influencia a vida dos outros, mais poder tem ainda.

Portanto, o empoderamento das mulheres e a igualdade de gênero são fundamentais para se alcançar uma sociedade mais justa. Nesse sentido, veja-se a Plataforma de Ação de Beijing:

> O avanço das mulheres e a conquista da igualdade entre mulheres e homens são uma questão de direitos humanos e uma condição para a justiça social; não devem, portanto, ser encarados isoladamente, como um problema feminino. Somente depois de alcançados esses objetivos poder-se-á instaurar uma sociedade viável, justa e desenvolvida. O empoderamento das mulheres e a igualdade entre mulheres e homens são condições indispensáveis para alcançar a segurança política, social, econômica, cultural e ecológica de todos os povos.[119]

Muitas questões sociais são tratadas a partir da voz de uma minoria que busca reconhecimento de direitos. No caso das mulheres, não são uma minoria, por existirem em número superior aos homens, seja no Brasil, seja no planeta. Porém, são um grupo que, em razão de ter sido subjugado ao longo da história, navega socialmente em condições de desigualdade em relação aos homens, a se refletir em sua participação no mercado de trabalho, bem como em outros ambientes e contextos, sob os aspectos quantitativo e qualitativo.

Enquanto perdura esse desequilíbrio entre os gêneros, tem ele reflexo no tratamento violento que alguns homens dispensam às mulheres. Encontraremos, por exemplo, casos de homens que estupram mulheres com as quais não têm vínculo. É um tipo de crime de gênero. Mas teremos também o caso de homens que abusam exatamente das mulheres com quem mantêm vínculo afetivo. É um tipo especial do gênero crime contra a mulher, que, no caso, é o crime de violência doméstica contra a mulher, que usualmente tem por base uma relação assimétrica de poder, não raro representada pela dominação econômica dele em relação a ela e/ou pela diferença de força física a favorecê-lo.

Vejamos, então, esse delito, que é praticado por quem deveria proteger, e enfrentemos uma indagação natural: sendo a mulher vítima de um comportamento violento e abusivo por parte de seu parceiro, por que insiste nele? Por que não deixa o abusador?

CAPÍTULO 5

Eu sei que vou te amar. Sei?

"Estou armado e vou te matar. Se tu saltar, te mato aqui mesmo."

(Relato de Carla à GaúchaZH sobre o que seu ex-marido lhe disse pouco antes de lhe desferir 12 facadas)[120]

O ditado popular "quando um não quer, dois não brigam" passa a ideia de que, diante de um conflito, basta que um não o deseje para que ele não aconteça. Essa regra pode até funcionar em algumas situações, mas está longe de ser uma panaceia universal para as disputas. Na verdade, muitas vezes o desentendimento é inevitável. Basta olharmos com atenção para percebermos que o conflito marca nosso cotidiano. Ele está na relação com a família, com a vizinhança, no condomínio, no trabalho, na viagem, no lazer, simplesmente em todo lado.

Temos, no campo da criminologia, as denominadas teorias do conflito, que se debruçam sobre esse importante aspecto presente nas sociedades. Sobre esse tema, Carmen Hein de Campos destaca:

> Para os teóricos do conflito, a sociedade não vive em harmonia, mas em um estado de fluxo e dissenso. Os valores sociais não são convergentes, os grupos sociais têm interesses contraditórios, por isso o conflito é parte da sociedade e também propicia a mudança.[121]

George Vold, que apresentou sua teoria do conflito em 1958, destaca que o conflito é "um dos principais e essenciais processos sociais no funcionamento contínuo da sociedade" e que "esses processos de interação social" vão buscando ajuste até se chegar a um "equilíbrio estável de forças", chamado "ordem social".[122]

A criminologia marxista, por exemplo, é uma das correntes criminológicas cujo pensamento tem base no conflito: considera-o inerente à sociedade de classes, na qual os indivíduos são compelidos a competirem por tudo.

Max Weber, sempre no embate com Marx, também reconhece o conflito como inerente à sociedade. Não aceita, entretanto, a análise determinista do rival acadêmico, sem perder de vista que Weber entende a realidade como infinita e caótica. Nessa ótica – e tendo em vista as ações sociais – tudo é multicausal.

Feitos esses registros, o ponto é que o conflito é uma realidade, seja na macro sociedade, seja em dimensões sociais menores, como a família.

Do ponto de vista da Justiça,[123] o problema maior não é o conflito, que sempre existirá; mas como se lida com ele, ou seja, a administração do conflito. Ou melhor, a administração do conflito, não apenas pelo Judiciário, mas por parte de todos os atores sociais envolvidos.

Conflito é um gênero e o que nos interessa aqui é o conflito entre homem e mulher que estão ou estiveram em um relacionamento e que encontra sua realização mais aguda na violência que ele pratica contra ela. Aliás, ele e ela que podem ser de qualquer classe social ou nível de instrução. Vejamos relatos importantes de mulheres vítimas. Na verdade, sobreviventes.

Vanessa de Moura Raichaski, uma jovem de Içara, SC, relata que a intromissão do namorado em sua privacidade foi aumentando gradativamente. Do controle, chegou-se a abusos físicos, inicialmente empurrões e beliscões, até o dia em que foi espancada por ele com socos, chutes, tapas e tentativa de sufocamento, tendo se salvado por fingir um desmaio. Essa experiência foi uma novidade em sua vida e, com ela, descobriu que esse tipo de violência era mais comum do que pensava:

> Eu nunca tinha passado por nada disso, era uma coisa distante, a gente vê na TV e acha que nunca vai acontecer conosco. Depois que falei, o que apareceu de amiga contando sobre elas! Uma foi junto na delegacia registrar boletim. Falar está ajudando as mulheres, e não tem por que ter medo, é preciso denunciar.[124]

A atriz, empresária e ex-modelo Luiza Brunet, em entrevista para o Universa, que é a plataforma feminina do UOL, fala de sua experiência com essa violência:

> Eu vim de um lar e assisti violência doméstica dos 6 aos 12 anos de idade. E isso causa danos irreversíveis. O que a gente mais quer na vida adulta é não repetir esse modelo. Sofri violência sexual com 13 anos de idade no lugar que eu trabalhava como empregada doméstica. Outra agressão que também causa danos irreversíveis. Aí, na idade adulta, quando eu acho que estou pronta para começar uma história nova, aos 54 anos, sofro violência doméstica de um homem maduro. Então são muitas as formas de você passar por sofrimentos que causam danos e a gente tem que ser muito dura para que isso não interfira na saúde mental, física e psicológica da gente porque é terrível. Porque a revitimização faz muito mal.[125]

A atriz Juliana Lohmann, em relato publicado na revista "*Claudia*", falou da angústia de viver o ciclo de violência e perdão:

> Vivi a angústia que toda mulher vive quando está sob violência doméstica e manipulação psicológica, transitava entre ter medo de

> morrer, ter medo de contar pra alguém, me sentir culpada, aceitar as desculpas dele e acreditar que ele vai mudar, até outro episódio de violência acontecer de novo.[126]

A psicóloga Lenore Walker (1979, p. 409), na obra *The Battered Woman*, apresentou teoria sobre a dinâmica dessa violência repetida, ficando esse modelo chamado de Ciclo da Violência ou Espiral da Violência, tendo considerado 3 etapas fundamentais: a construção da tensão (*tension building phase*), marcada pela comunicação ruim, havendo um tensionamento na relação; a agressão (*acute battering incident*), que é quando há o rompante de violência por parte dele; e a lua de mel (*loving contrition phase* ou *honeymoon*), que é o momento do perdão e de maior entrosamento do casal. Esse padrão tem o potencial de se repetir continuamente, pois, após o clímax negativo, que é a agressão, viria o momento de perdão, passando, assim, à fase da lua de mel. É como um vulcão que ameaça entrar em erupção (primeira fase), cumpre a ameaça (segunda fase) e, após derramar o magma, adormece (terceira fase), pronto para repetir o mesmo ciclo.

A ocorrência da primeira violência pelo companheiro agressor é a pedra fundamental para a intrincada questão de sua repetição.

O autor deste livro atuou como juiz em uma ação de oferecimento de alimentos, na 1ª Vara de Família da Comarca de São Gonçalo, Rio de Janeiro, no ano de 2000. O pai oferecia alimentos para os dois filhos menores. Na verdade, como foi revelado na audiência, ele agrediu a mulher, pelo que ela pegou os dois filhos do casal e partiu para local por ele ignorado. O ajuizamento daquela ação, segundo o próprio, tinha como motivo principal tentar localizar o paradeiro da mulher e dos filhos. Ele estava tentando usar a Justiça, via ajuizamento de ação de alimentos, para localizar a mulher vítima de sua agressão física. Enquanto contava isso, chorava copiosamente e se lamentava dizendo que teria sido a única violência dele contra ela em 10 anos de casamento.

Esse caso mostrou que, diante do primeiro ato de violência física perpetrado pelo marido, a mulher o deixou para trás. Nessa lógica, não haverá repetição da violência.

Se o afastamento e cisão da sociedade conjugal podem evitar a repetição da violência contra a mulher, qual o motivo para muitas insistirem no relacionamento desigual, onde marido/mulher se tornam ofensor/ofendida, abusador/abusada, agressor/vítima, assassino/assassinada?

Vê-se no *Partner abuse in detail, England and Wales: year ending March 2018*, do *Crime Survey for England and Wales (CSEW)*, que os motivos mais frequentes para uma vítima de violência doméstica não deixar o lar conjugal são: vínculo afetivo com o parceiro (47,2%), nunca ter considerado essa possibilidade (37,1%) e a existência de crianças (36,7%).[127]

A OMS aponta que a maioria das mulheres ofendidas/agredidas não é de vítimas passivas. Na verdade, elas adotam estratégias visando à proteção própria e de sua prole, sendo que os motivos para continuarem na relação com o agressor costumam ser: medo de retaliação; dependência econômica; preocupação com os filhos; falta de apoio da família e de amigos; receio de estigma ou de perder a guarda dos filhos em decorrência do divórcio; e afeto pelo companheiro e esperança de que ele irá mudar.[128]

Assim, se em muitos casos a mulher segue ao lado do agressor, não o faz pela cândida realização da famosa música de Tom Jobim e Vinícius de Moraes (1959), *Eu sei que vou te amar*, na qual a moça romântica declara eterno amor ao companheiro. A realidade de muitas dessas vítimas que simplesmente seguem vivendo "do jeito que dá" ficaria retratada com uma pequena alteração na terceira estrofe da canção dos referidos expoentes da Bossa Nova.

Na canção:

Eu sei que vou chorar
A cada ausência tua eu vou chorar
Mas cada volta tua há de apagar
O que essa ausência tua me causou

Na realidade delas vítimas:

Eu sei que vou chorar
A cada presença tua eu vou chorar
Mas cada ausência tua não há de apagar
O que essa presença tua me causou

Pequena alteração na quarta estrofe também contribui para a visualização dessa realidade delas.

Na canção:

Eu sei que vou sofrer
A eterna desventura de viver
À espera de viver ao lado teu
Por toda a minha vida

Na realidade delas:

Eu sei que vou sofrer
A eterna desventura de viver
A agrura de viver ao lado teu
Por toda a minha vida

Mas não necessariamente será sempre, por toda a vida. Decerto que separação e divórcio ocorrem em muitas relações abusivas. Às vezes, no entanto, o ex-companheiro continua a atormentar a mulher. Em outras, a mulher entra em uma nova relação na qual também é vítima de violência, provocando o que se chama revitimização.

Seja como for, o desejo que parece socialmente assumido na atualidade, ao menos pelas mulheres e também pelos homens conscientes, é o do reconhecimento de que, como *Maria Maria*, de Milton Nascimento, toda mulher "merece viver e amar como outra qualquer do planeta".[129] E para que isso ocorra plenamente, é fundamental um ambiente livre de violência, como preconizado pelo célebre Noel Rosa (1933) em sua canção *Nem com uma flor*:

> Na mulher não se dá nem com uma flor
>
> Seja feia, bonita, sincera ou fingida
>
> Rica ou pobre ou como for

Como quem ama de verdade cuida, deve-se rechaçar qualquer modelo de relacionamento amoroso que agride e/ou mata, tanto por ser injusto quanto por ser falso amor. A persistência em relacionamentos assim, assimétricos, alimenta a estatística da violência contra a mulher.

Esses números, aliás, são bastante contundentes. O projeto *Relógios da Violência*, do Instituto Maria da Penha, baseado em levantamento realizado pelo Instituto Datafolha em parceria com o Fórum Brasileiro de Segurança Pública, estima que "a cada dois segundos uma mulher sofre violência", consideradas as violências física e verbal.[130] Como 24 horas contêm 86.400 segundos, infere-se que, no Brasil, mais de 40.000 mulheres são vítimas de alguma forma de violência por dia. Por ano, aproximadamente 15 milhões.

Falando em Maria da Penha...

CAPÍTULO 6

Maria da Penha: a mulher, os desafios e a Lei

"O Direito é fato social. Ele se manifesta como uma das realidades observáveis na sociedade. É um instrumento institucionalizado de maior importância para o controle social. Desde o início das sociedades organizadas manifestou-se o fenômeno jurídico como sistema de normas de conduta a que corresponde uma coação exercida pela sociedade, segundo certos princípios aprovados e obedientes a formas predeterminadas. A norma jurídica, portanto, é um resultado da realidade social. Ela emana da sociedade, por seus instrumentos e instituições destinados a formular o Direito, refletindo o que a sociedade tem por objetivos, bem como suas crenças e valorações, o complexo de seus conceitos éticos e finalísticos."[131]

(Felippe Augusto de Miranda Rosa, magistrado e sociólogo)

Caso emblemático é o de Maria da Penha Maia Fernandes, que foi por duas vezes vítima de tentativa de homicídio por parte de seu marido no ano de 1983, além de ter sofrido outras agressões, que a deixaram paraplégica. Em 2002, o agressor, Marco Antonio Heredia Viveros, foi condenado a seis anos de reclusão; cumpriu um terço da pena e foi posto em liberdade em 2004.

Levado o caso à Comissão Interamericana de Direitos Humanos (CIDH), da Organização dos Estados Americanos (OEA), foi considerado que o Estado brasileiro "violou os direitos e o cumprimento de seus deveres"[132] em razão de "seus próprios atos omissivos e tolerantes da violação inflingida"[133] (item 4 do tópico "VII. Conclusões", do Relatório nº 54, de 04 de abril de 2001, relativo ao Caso nº 12.051/OEA), o que gerou diversas recomendações para o Brasil, dentre elas: "prosseguir e intensificar o processo de reforma que evite a tolerância estatal e o tratamento discriminatório com respeito à violência doméstica contra mulheres no Brasil".[134]

A Lei nº 11.340, de 7 de agosto de 2006, surge como consequência das violências sofridas por Maria da Penha e da recomendação da Corte Interamericana de Direitos Humanos ao analisar seu caso. Daí ter ficado conhecida pelo seu nome: Lei Maria da Penha.

A vítima, a seu turno, deu seguimento à sua disposição de alterar a triste realidade desse tipo especial de violência, que é determinada pelo gênero, e fundou o Instituto Maria da Penha, em Fortaleza, Ceará, em 2009, que tem por objetivo lutar contra a violência doméstica contra a mulher.[135]

Como é sabido, primeiro ocorre o fato social, que poderá ser juridicizado, que é quando passa a ser tratado pela lei ou quando o Judiciário lhe reconhece relevância jurídica, transformando-se, então, em fato jurídico.

Ameaça, lesões corporais, estupro e assassinato, nas formas tentada e consumada, por exemplo, já eram condutas criminalizadas. A novidade com a Lei Maria da Penha, dentre várias, é que define e tipifica a violência doméstica e familiar contra a mulher. Veja-se o seguinte dispositivo dessa Lei:

> Art. 5º Para os efeitos desta Lei, configura violência doméstica e familiar contra a mulher qualquer ação ou omissão baseada no gênero que lhe cause morte, lesão, sofrimento físico, sexual ou psicológico e dano moral ou patrimonial:
>
> I – no âmbito da unidade doméstica, compreendida como o espaço de convívio permanente de pessoas, com ou sem vínculo familiar, inclusive as esporadicamente agregadas;
>
> II – no âmbito da família, compreendida como a comunidade formada por indivíduos que são ou se consideram aparentados, unidos por laços naturais, por afinidade ou por vontade expressa;
>
> III – em qualquer relação íntima de afeto, na qual o agressor conviva ou tenha convivido com a ofendida, independentemente de coabitação.

O artigo seguinte reconhece que esse tipo de violência viola direitos humanos:

> Art. 6º A violência doméstica e familiar contra a mulher constitui uma das formas de violação dos direitos humanos.

A preocupação com o respeito aos direitos humanos é pertinente e consta expressamente da Carta das Nações Unidas, assinada em 26 de junho de 1945, que, já em seu artigo 1, item 3, elege como um dos propósitos daquela Organização "promover e estimular o respeito aos direitos humanos".[136]

A Constituição da República, de 5 de outubro de 1988, a seu turno, proclama, em seu artigo 4º, os princípios que regem a República Federativa do Brasil nas relações internacionais, estando o princípio da prevalência dos direitos humanos insculpido no inciso II.

Os direitos humanos, portanto, são um princípio fundamental, tanto para a Organização das Nações Unidas quanto para a República Federativa do Brasil.

Falar de direitos humanos não significa nem nunca significou ter pena ou ajudar criminosos. Direitos humanos trazem a ideia de regras básicas fundamentais aos seres humanos e sobre as quais não se transige. Logo, não se pode admitir, por exemplo, a prática de tortura nem de mutilação, nem mesmo sob o argumento de questão cultural. Os direitos humanos são inerentes a todos os seres humanos. São, portanto, universais.

A violência contra a mulher é uma tríplice agressão aos direitos humanos. Essa violência, como pontua Maria Berenice Dias, transgride três gerações de direitos humanos: a primeira geração, que é a liberdade; a segunda, que é a igualdade; e a terceira, que é a solidariedade.[137]

A história de Maria da Penha invoca os direitos humanos. Ela sofreu agruras como vítima de violência doméstica que ainda lhe deixaram sequelas. Além disso, deparou-se com uma frustrante resposta da Justiça Criminal. Na verdade, uma dupla frustração. A primeira, pela timidez da sanção aplicada na sentença imposta ao marido abusador. A segunda, pela execução penal de curta duração. Entretanto, tal serviu para pavimentar o caminho para a modificação dessa realidade, com o pronunciamento da Corte Interamericana de Direitos Humanos e com a obrigação do Estado brasileiro de atender às recomendações desse Tribunal internacional.

Assim, nasceu a Lei Maria da Penha, que trouxe inovações para nosso direito, merecendo destaque o seu artigo 16, que estipula que, mesmo nas ações penais para as quais o Ministério Público depende de representação da ofendida, eventual renúncia que esta pretenda fazer só pode se dar na presença do juiz e assim mesmo antes do recebimento da denúncia e após manifestação do Ministério Público. Significa que foi posto fim a uma situação que era bastante ocorrente, popularmente chamada de "retirar a queixa". Ou seja, a mulher registrava ocorrência na delegacia contra o cônjuge ou companheiro, mas depois voltava lá e dizia que não queria dar continuidade com o inquérito. Isso poderia se dar por: reconciliação, temor, ameaças, dentre outros motivos. Entendeu o legislador que, uma vez noticiado crime de ação penal pública que dependa de representação, a renúncia só poderá ocorrer perante o juiz, assim mesmo apenas antes do recebimento da denúncia.[138]

O Superior Tribunal de Justiça posteriormente se posicionou no sentido de que, "nos casos de lesão corporal no âmbito doméstico, seja leve, grave ou gravíssima, dolosa ou culposa, a ação penal é sempre pública incondicionada", como se depreende do julgamento do Agravo Regimental em Recurso Especial 1.380.525-DF, sendo relator o ministro Sebastião Reis Júnior, julgado em 3 de setembro de 2013, pela Sexta Turma do STJ. Seguindo esse norte, foi editada a Súmula 542 do STJ, publicada em 31 de agosto de 2015: "A ação penal relativa ao crime de lesão corporal resultante de violência doméstica contra a mulher é pública incondicionada".[139] O Supremo Tribunal Federal se posicionou no mesmo sentido, de forma que a interpretação das Cortes Superiores sobre o tema é de que, na hipótese de lesão corporal contra a mulher no ambiente doméstico, o Ministério Público pode promover a ação penal independentemente de representação da vítima.[140] É a interpretação dos Tribunais como fonte de direito.

Na verdade, são várias as inovações trazidas pela Lei Maria da Penha. Vejamos a seguir mais sobre essas novidades legais, com atenção às medidas protetivas.

CAPÍTULO 7

Medidas protetivas

"É muito importante que a mulher vá a uma unidade policial e elabore esse registro e comunique esse fato, sobretudo, para que a atividade do Estado se realize no sentido de inibir a continuidade desse comportamento. A repetição desse comportamento geralmente ocorre quando a mulher silencia."[141]

(Delegada Adriana Mendes, diretora-presidente do Instituto de Segurança Pública, Rio de Janeiro)

A Lei Maria da Penha, promulgada para proteger a mulher, traz medidas protetivas de urgência e também medidas para auxiliar e amparar a vítima da violência.

As medidas protetivas de urgência que obrigam o agressor estão previstas no artigo 22 da Lei nº 11.340 e podem ser aplicadas em conjunto ou separadamente. São elas:

> I – suspensão da posse ou restrição do porte de armas, com comunicação ao órgão competente, nos termos da Lei nº 10.826, de 22 de dezembro de 2003;
>
> II – afastamento do lar, domicílio ou local de convivência com a ofendida;
>
> III – proibição de determinadas condutas, entre as quais:
>
> a) aproximação da ofendida, de seus familiares e das testemunhas, fixando o limite mínimo de distância entre estes e o agressor;
>
> b) contato com a ofendida, seus familiares e testemunhas por qualquer meio de comunicação;
>
> c) frequentação de determinados lugares a fim de preservar a integridade física e psicológica da ofendida; IV – restrição ou suspensão de visitas aos dependentes menores, ouvida a equipe de atendimento multidisciplinar ou serviço similar;
>
> V – prestação de alimentos provisionais ou provisórios;
>
> VI – comparecimento do agressor a programas de recuperação e reeducação; e
>
> VII – acompanhamento psicossocial do agressor, por meio de atendimento individual e/ou em grupo de apoio.

Os incisos VI e VII acima foram incluídos pela Lei nº 13.984, de 3 de abril de 2020, e autorizam que o juiz determine que agressores frequentem esses programas e recebam o acompanhamento psicossocial ainda na fase investigatória. A senadora Leila Barros (PSB-DF), em manifestação favorável aos novos instrumentos referidos, destacou a importância da reeducação desses infratores:

> Muitos desses homens têm um histórico de violência familiar, cresceram, por exemplo, vendo a violência dentro de casa, do próprio pai contra a mãe ou outra eventual companheira. Atitudes machistas estão impregnadas na nossa cultura. A readaptação busca atuar dentro da consciência desses homens, porque muitos deles têm uma dificuldade enorme em lidar com suas falhas. É mais uma iniciativa buscando mitigar a violência contra as mulheres, então é válida.[142]

O relato de um réu em ação penal perante o Juizado da Violência Doméstica da Comarca de Pelotas, RS, confirma que, antes de se tornar um adulto agressor, ele foi uma criança que conviveu com conflitos familiares similares:

> Tinha brigas por causa que [sic] o meu pai era alcoólatra, bebia, ele tinha problema com bebida. [...] Então, eu sofri um pouquinho com isso. [...] Ele brigava, empurrava, discutia muito com a mãe. [...] Ela deixava, não fazia queixa [...] Eu via, eu tinha na base de cinco a seis anos [...] Tenho uma filha de nove anos [...] a mais prejudicada era ela.[143]

A historiadora Elisiane Medeiros Chaves, que conduziu essa pesquisa e colheu o relato acima e outros, observou que "vários réus conviveram com um pai violento e podem pensar que é natural reproduzir relações que experimentaram".[144]

Os incisos VI e VII, se cumpridos, trazem a esperança da quebra de ciclos de violência, repercutindo no presente e no futuro.

O dispositivo seguinte, que é o artigo 23, trata de medidas de urgência visando a proteção da ofendida e de seus dependentes:

> Art. 23. Poderá o juiz, quando necessário, sem prejuízo de outras medidas:
>
> I – encaminhar a ofendida e seus dependentes a programa oficial ou comunitário de proteção ou de atendimento;
>
> II – determinar a recondução da ofendida e a de seus dependentes ao respectivo domicílio, após afastamento do agressor;
>
> III – determinar o afastamento da ofendida do lar, sem prejuízo dos direitos relativos a bens, guarda dos filhos e alimentos;
>
> IV – determinar a separação de corpos; e
>
> V – determinar a matrícula dos dependentes da ofendida em instituição de educação básica mais próxima do seu domicílio, ou a transferência deles para essa instituição, independentemente da existência de vaga.[145]

O inciso I, que trata do encaminhamento a programa de proteção, é indicado para os casos mais graves nos quais o risco à saúde e à vida está evidente. A Pousada de Maria, criada em 1993 e mantida pela Prefeitura de Curitiba, PR, é uma unidade pioneira nesse tipo de acolhimento. Adriana Castro Lopes, coordenadora da Pousada, em entrevista, ratifica a importância dessa acolhida:

> Muitas chegam aqui só com a roupa do corpo. Amedrontadas, desamparadas, sem esperança. Após passarem por uma triagem junto à assistência social da casa, instalamos essas mulheres em alojamentos separados por família e iniciamos o trabalho de recuperação por meio de palestras, atividades socioeducativas, orientação financeira e capacitação profissional.[146]

O inciso V supra foi incluído pela Lei nº 13.882, de 8 de outubro de 2019. Essa lei também alterou o artigo 9º da Lei Maria da Penha para nele incluir dois parágrafos, que são:

> § 7º A mulher em situação de violência doméstica e familiar tem prioridade para matricular seus dependentes em instituição de educação básica mais próxima de seu domicílio, ou transferi-los para essa instituição, mediante a apresentação dos documentos comprobatórios do registro da ocorrência policial ou do processo de violência doméstica e familiar em curso.
>
> § 8º Serão sigilosos os dados da ofendida e de seus dependentes matriculados ou transferidos conforme o disposto no § 7º deste artigo, e o acesso às informações será reservado ao juiz, ao Ministério Público e aos órgãos competentes do poder público.

A iniciativa de se incluir o sigilo para essas hipóteses foi da senadora Daniella Ribeiro (PP-PB), que durante a respectiva sessão deliberativa assim se pronunciou: "as crianças podem ser expostas, sofrer *bullying* ou qualquer outro tipo de constrangimento que de forma alguma podemos permitir. A minha proposta é uma proteção a mais à saúde mental destas crianças".[147]

As medidas de urgência para proteção do patrimônio do casal ou exclusivo da mulher estão no artigo 24 da Lei:

> Art. 24. Para a proteção patrimonial dos bens da sociedade conjugal ou daqueles de propriedade particular da mulher, o juiz poderá determinar, liminarmente, as seguintes medidas, entre outras:
>
> I – restituição de bens indevidamente subtraídos pelo agressor à ofendida;
>
> II – proibição temporária para a celebração de atos e contratos de compra, venda e locação de propriedade em comum, salvo expressa autorização judicial;
>
> III – suspensão das procurações conferidas pela ofendida ao agressor;
>
> IV – prestação de caução provisória, mediante depósito judicial, por perdas e danos materiais decorrentes da prática de violência doméstica e familiar contra a ofendida.

A violência doméstica pode se dar de diversas formas. A física é a mais evidente. Já a violência patrimonial costuma estar coberta por um manto de invisibilidade. Através desse tipo de violência, o agressor exerce controle sobre a companheira, sufocando-a financeiramente. Pode, por exemplo, se desfazer de patrimônio do casal ou então, caso haja imóvel alugado, receber o aluguel e não repassar a parte que caberia a ela. Daí a importância do artigo 24, que torna possível que o juiz, liminarmente, determine medidas para impedir ou fazer cessar a agressão a bens e direitos patrimoniais da vítima.

A Lei nº 11.340 traz um conjunto de normas a respaldar a mulher na situação de violência doméstica e familiar, trazendo consigo toda uma política pública voltada para a questão, inclusive para a prevenção. Define a violência doméstica contra a mulher; indica os tipos dessa violência doméstica e familiar; detalha as formas de assistência à mulher, inclusive quanto à atuação da autoridade policial e da perícia; estipula a criação dos Juizados de Violência Doméstica e Familiar contra a Mulher; e cria uma série de medidas protetivas e respectivos procedimentos.

A lei surge e é inquestionável que representa um avanço, mas sua aplicação se revela vacilante por parte de alguns atores da Justiça Criminal, o que pode ser explicado, ao menos em parte, pelo androcentrismo.

No próximo capítulo, trataremos dessa tendência de se impor o masculino como paradigma da representação coletiva e o reflexo disso nas práticas judiciárias.

CAPÍTULO 8

A Lei Maria da Penha e o Judiciário

> *"A lei não é um fim em si mesma, nem fornece fins. É eminentemente um meio de servir ao que achamos certo."*[148]
>
> *(William J. Brennan, ministro da Suprema Corte dos Estados Unidos – tradução do autor)*

A afirmação feita de que a aplicação de medidas trazidas pela Lei Maria da Penha se revela vacilante por parte de alguns atores da Justiça Criminal traz para cena a questão do androcentrismo nas práticas judiciárias, tema objeto de pesquisa realizada por Camila Delgado, merecendo relevo que:

> só em 1902 é que uma mulher, Maria Augusta Saraiva, se bacharelou em ciências jurídicas no Brasil, quando os cursos jurídicos já existiam há 75 anos;[149]
>
> há uma sub-representação das mulheres na formulação das leis;[150]
>
> há uma sub-representação de mulheres na magistratura, inclusive nas Cortes Superiores;[151]

e essa sub-representação das mulheres é realidade em outras áreas e instituições, como a polícia.[152]

A pesquisa *Perfil Demográfico dos Magistrados Brasileiros 2018*, conduzida pelo Conselho Nacional de Justiça (CNJ), revela que as mulheres compõem 38% da magistratura, sendo que sua maior representatividade está na base da pirâmide, pois são 44% dos juízes substitutos, 39% dos juízes titulares e 23% dos desembargadores.[153]

O Conselho Nacional do Ministério Público (CNMP) publicou o estudo *Cenários de Gênero*, com objetivo de levantamento de dados nos ramos e unidades do Ministério Público brasileiro. Apurou-se que, dentro dos quatro ramos do Ministério Público da União e mais as 26 unidades dos Ministérios Públicos dos estados, há 5.114 promotoras e procuradoras e 7.897 promotores e procuradores, ou seja, 39% de mulheres e 61% de homens.[154]

O *Perfil dos Estados e dos Municípios Brasileiros 2014*, publicado pelo Instituto Brasileiro de Geografia e Estatística (IBGE), aponta, em sua Tabela 5, que os efetivos da Polícia Militar no país, em 2013, totalizavam 425.248, sendo 383.410 homens e 41.838 mulheres. Isto é, 9,8% de mulheres. A mesma pesquisa indica, quanto aos efetivos da Polícia Civil, o número total de 117.642, sendo 86.637 homens e 31.005 mulheres. Logo, as mulheres, nesse grupo, são 26,3%.

A presença maior de homens nessas instituições integrantes da Justiça Criminal é uma realidade.[155] Não se trata de, a partir dessa constatação, se presumir parcialidade de ninguém, ainda mais de forma individual. A questão é sociológica. E se nesse ambiente hoje ainda há mais homens que mulheres, houve época, há poucas décadas, em que cada uma dessas instituições era espaço exclusivo dos homens. O mesmo se podendo falar quanto aos advogados, defensores públicos e outras carreiras jurídicas.

Esse androcentrismo presente na sociedade acaba refletido na denominada "tolerância institucional à violência contra a mulher". Sobre esse conceito, veja-se:

> O conceito aponta para instituições que, em diferentes níveis e de diferentes formas, terminam por tolerar a violência contra as mulheres, falhando em garantir o acesso a direitos e atuando na manutenção de padrões discriminatórios hegemônicos que mantêm intactas as estruturas desiguais de nossa sociedade e de nosso Estado.[156]

Voltemos ao ano de 1902, na formatura de graduação de Maria Augusta Saraiva, com 23 anos de idade, no curso da Faculdade de Direito do Largo de São Francisco, na cidade de São Paulo. Naquele dia, não havia no Brasil mulher juíza, promotora, advogada ou policial. Não é difícil de imaginar que a Justiça Criminal naquele início do século 20 e com seus quadros 100% masculinos, do ponto de vista da cultura, replicasse em alto grau as parcialidades e preconceitos da sociedade da época.

Nessa ótica, quando chegamos ao início do século XXI, no Brasil, com aproximadamente 10% de mulheres nos quadros da Polícia Militar, 26% na Polícia Civil, 38% na magistratura e 39% no Ministério Público, o fato positivo é a presença da mulher, mas infelizmente ela segue sub-representada nessas instituições.

Essa constatação legitima o raciocínio de que, em 1902, a Justiça Criminal brasileira era propensa a uma replicação das parcialidades e preconceitos da sociedade maior, a serem refletidos nos procedimentos, decisões e sentenças, por nela trabalharem exclusivamente homens. Já a Justiça Criminal atual – sem a exclusividade, mas com o predomínio de homens em suas fileiras, em uma sociedade ainda reconhecida como sexista – está sujeita a replicar as parcialidades e preconceitos hoje existentes, ainda que em menor grau em relação ao mundo de 1902. Afinal, se o homem é o homem de sua época, não será diferente para o juiz e demais atores da Justiça.

Sobre o sexismo de nossos tempos, vejamos o que disse a relatora da Comissão Parlamentar Mista de Inquérito (CPMI) da Violência contra a Mulher, senadora Ana Rita (PT-ES), ao final dos trabalhos da Comissão, em 2013: "o machismo é muito presente nas instituições também, o que dificulta a aplicação adequada da nossa legislação e, em particular, da Lei Maria da Penha. Falta capacitação dos profissionais".[157]

Essa discriminação, assim como a violência, se apresenta em casa, na rua e no trabalho. Nas conversas de contato direto, nas redes sociais, nos grupos de WhatsApp. Na forma de anedotas, comentários e provocações. Acontece várias vezes no mesmo dia, todo dia. No cotidiano dos cidadãos e também estará refletida nas instituições recorridas pelos mesmos cidadãos vitimados por ilícitos relacionados a essas ocorrências.[158]

O Judiciário, em uma sociedade democrática, é o último bastião. Requerida uma medida protetiva ou ajuizada uma ação penal, serão produzidas decisões e sentenças que, por sua vez, poderão espelhar parcialidades e preconceitos, sendo certo que há sempre a possibilidade de que sejam modificadas pela instância recursal superior.

Com a entrada em vigor da Lei nº 11.340/2006, não faltaram casos em que juízes negaram a aplicação da nova lei, sendo que alguns deles chamaram a atenção da mídia, que relacionou as decisões polêmicas às máculas mencionadas no parágrafo anterior.

O juiz Marcelo Colombelli Mezzomo, da 2ª Vara Criminal de Erechim, Rio Grande do Sul, em processos judiciais, proferiu decisões contrárias à aplicação da Lei Maria da Penha. Escreveu até artigo manifestando seu entendimento, no qual sustenta a ineficácia prática do mandado de afastamento.[159] Para o juiz, a Lei nº 11.340 é "protecionista" e "o equívoco dessa lei foi pressupor uma condição de inferioridade da mulher, que não é a realidade da Região Sul do Brasil, nem de todos os casos, seja onde for".[160]

O juiz Eilson Rumbelsperger Rodrigues, da 1ª Vara Criminal de Sete Lagoas, Minas Gerais, também não aplicou a Lei Maria da Penha, considerando-a inconstitucional, chegando a classificá-la como um "conjunto de regras diabólicas"[161] e tendo dito, ainda, que as "desgraças humanas começaram por causa da mulher".[162]

O juiz Joseli Luiz Silva, da 3ª Vara Cível de Goiânia, Goiás, em plantão judiciário, indeferiu medidas protetivas requeridas com base na Lei Maria da Penha, tendo, em sua decisão, apontado ser "lamentável que a mulher não se dê ao respeito",[163] manifestando, assim, sua discordância com a atitude da mulher buscar tais medidas junto à Justiça Criminal, opinando que a vítima deveria, isto sim, reagir, conforme trecho a seguir transcrito: "se a representante quer mesmo se valorizar, se respeitar, se proteger, então bata com firmeza, bata com força, vá às últimas consequências, e então veremos o quanto o couro grosso do metido a valente suporta".[164]

O juiz Carlos Gutemberg Cunha, da 4ª Vara Criminal de São José dos Campos, não aplicou a Lei Maria da Penha ao indeferir o pedido de medidas protetivas formulado em favor da auxiliar de enfermagem Daniela Aparecida Ramos. Foi do entendimento do magistrado que a referida Lei misturava matérias e que qualquer pedido de providência deveria ser formulado na esfera cível ou de família. Sua decisão a respeito do tema contém críticas à Lei, como se vê do seguinte trecho:

> [...]a Lei 11.340/06 aplica a pena antes de ouvir o agente. Aplica medidas protetivas que ferem o direito de locomoção, à propriedade, à personalidade, na medida que autoriza a retirada do agressor do lar. Não só autoriza como o impede de se aproximar, não só da vítima, mas de seus filhos.[165]

Encontramos casos em que a Segunda Instância também rechaçou a aplicação da Lei nº 11.340. A Segunda Turma Criminal do Tribunal de Justiça do Estado de Mato Grosso do Sul, no julgamento do recurso em sentido estrito interposto pelo Ministério Público Estadual, sendo recorrido Paulino José da Silva (processo nº 2007.023422-4/0000-00-Itaporã), entendeu, por unanimidade, que referida Lei preconiza desigualdade de tratamento entre os gêneros, pelo que seria inconstitucional.

A resistência à aplicação da Lei Maria da Penha foi verificada também em outros Tribunais,[166] havendo argumentos acerca da inconstitucionalidade de dispositivos legais, sobre competência de Juízo (Vara Criminal x Vara de Família e Lei nº 9.099/1995 x Lei nº 11.340/2006), bem como tentativas de se estender aos homens as mesmas medidas protetivas da Lei.

Veja-se o apropriado comentário de Camila Delgado a respeito dessa interpretação de se conceder aos homens a proteção da Lei Maria da Penha:

> Outra situação em que o androcentrismo se apresenta na prática judiciária, ainda no que se refere às medidas protetivas de urgência é na sua aplicação analógica, ou seja, na via inversa, em proteção aos homens. Não podemos admitir este disparate, haja vista o contexto histórico do qual as mulheres fazem parte. Como já foi dito anteriormente, os homens já possuem uma lei que os protege de qualquer violência.[167]

Diante de tantos questionamentos, foi ajuizada a Ação Declaratória de Constitucionalidade 19 e, depois, a Ação Direta de Inconstitucionalidade 4.424. Ambas foram julgadas procedentes pelo Supremo Tribunal Federal, em 9 de fevereiro de 2012, sendo que, no julgamento da última, o Tribunal interpretou que é possível ao Ministério Público iniciar a ação penal sem necessidade da representação da vítima.[168]

A propósito, veja-se o seguinte trecho do voto do relator, ministro Marco Aurélio Mello:

> Deixar a cargo da mulher autora da representação a decisão sobre o início da persecução penal significa desconsiderar o temor, a pressão psicológica e econômica, as ameaças sofridas, bem como a assimetria de poder decorrente de relações histórico-culturais, tudo a contribuir para a diminuição de sua proteção e a prorrogação da situação de violência, discriminação e ofensa à dignidade humana. Implica relevar os graves impactos emocionais impostos pela violência de gênero à vítima, o que a impede de romper com o estado de submissão.

Entender que se mostra possível o recuo, iniludivelmente carente de espontaneidade, é potencializar a forma em detrimento do conteúdo. Vejam que, recebida a denúncia, já não pode haver a retratação. Segundo o dispositivo ao qual se pretende conferir interpretação conforme à Carta da República, ocorrida a retratação antes do recebimento da denúncia, embora exaurido o ato agressivo, a resultar em lesões, é possível dar-se o dito pelo não dito e, com grande possibilidade, aguardar, no futuro, agressão maior, quadro mais condenável.

A ministra Rosa Weber, primeira julgadora a acompanhar o voto do relator, assim se manifestou:

> Entendo que a eficácia esperada dos mecanismos destinados a assegurar à mulher suficiente proteção contra a violência doméstica resultaria fortemente prejudicada se condicionada a persecução penal à representação da ofendida. Diante das condições especiais em que são perpetrados os atos de violência doméstica, tal condicionamento implicaria privar a vítima de proteção satisfatória a sua saúde e segurança.

Esse posicionamento do Supremo, do ponto de vista do processo, confirma que as ações envolvendo violência doméstica contra a mulher migraram da ordem privada para a pública. As pesquisadoras Lúcia Freitas e Veralúcia Pinheiro (2013), na obra *Violência de Gênero, Linguagem e Direito*, pontuam o seguinte: "nos últimos vinte anos, vem ocorrendo na sociedade brasileira o reconhecimento de que a violência contra a mulher é um problema de proporções que demandam uma intervenção mais direta do Estado".

O STF, interpretando a lei, firmou que, nesse tema, não está mais na esfera individual da mulher a decisão sobre se o agressor será ou não criminalmente processado. O ajuizamento da respectiva ação penal deixou de depender da representação da vítima.

Há no Brasil uma expressão que é "essa lei não pegou", a se referir a uma lei que não é respeitada. Será que uma lei que promove o respeito à mulher seria, nesse sentido, respeitada? A resposta é: tem que ser respeitada! Se, de um lado, houve dissenso de sua aplicação por parte de alguns atores da Justiça Criminal, tal não representa o conjunto desses operadores. Além disso, esse dissenso sobre a interpretação da lei recebeu o tratamento legal cabível, que foi o encaminhamento das questões às instâncias superiores, de forma que, com a pacificação sobre o assunto pelo Supremo Tribunal Federal, a legislação está apta para ser aplicada, e vem sendo aplicada.

Questão que decorre dessa reflexão se refere à distância entre a norma e a sua efetividade. O tema não é novo. Quanto mais atrasado o país, maior será essa distância. Sem se pretender aqui medir o nível de atraso ou avanço de nosso Brasil, é inegável que a edição de leis protetoras da igualdade é sempre bem-vinda, a despeito das dificuldades de ordem prática para sua plena realização.

Aliás, a ideia da igualdade, como preconizada por Cesare Beccaria, da Escola Clássica, em sua obra *Dos delitos e das penas*, lançada em 1764, é a fundamentabilidade social da lei ser igual para todos. Em suas palavras, ao falar das leis: "Não favoreçam elas nenhuma classe particular; protejam igualmente cada membro da sociedade; receie-as o cidadão e trema somente diante delas".

A evolução legislativa visando a proteção da mulher não parou. A Lei nº 11.340 recebeu várias alterações desde sua edição, merecendo destaque a modificação através da Lei nº 13.641, de 3 de abril de 2018, que incluiu o artigo 24-A, que criminaliza o descumprimento de decisão judicial que defere medidas protetivas de urgência. Vejamos o que motivou a criação desse dispositivo de natureza penal.

O Superior Tribunal de Justiça, ao julgar o Recurso Especial nº 1.477.671-DF, confirmou a decisão do Tribunal de Justiça do Distrito Federal, que, por sua vez, tinha confirmado a decisão de Primeira Instância. No caso, foi rejeitada denúncia que imputava ao réu a prática de crime de desobediência por descumprir ordem judicial que havia determinado medida protetiva em caso de violência doméstica. A conclusão foi no sentido de se reconhecer a atipicidade da conduta do agressor que havia desrespeitado a medida protetiva imposta, ou seja, conduta não prevista em lei penal. Eis a conclusão consubstanciada na ementa do acórdão da Corte Superior:[169]

> RECURSO ESPECIAL. DESOBEDIÊNCIA. ART. 330 DO CP. DESCUMPRIMENTO DE MEDIDA PROTETIVA. IMPOSIÇÃO COM AMPARO NA LEI MARIA DA PENHA. ATIPICIDADE DA CONDUTA. PREVISÃO DE SANÇÕES ESPECÍFICAS NA LEI DE REGÊNCIA.
>
> 1. A jurisprudência desta Corte Superior firmou o entendimento de que para a caracterização do crime de desobediência não é suficiente o simples descumprimento de decisão judicial, sendo necessário que não exista cominação de sanção específica.
>
> 2. A Lei n. 11.340/06 determina que, havendo descumprimento das medidas protetivas de urgência, é possível a requisição de força policial, a imposição de multas, entre outras sanções, não havendo ressalva expressa no sentido da aplicação cumulativa do art. 330 do Código Penal.
>
> 3. Ademais, há previsão no art. 313, III, do Código de Processo Penal, quanto à admissão da prisão preventiva para garantir a execução de medidas protetivas de urgência nas hipóteses em que o delito envolver violência doméstica.
>
> 4. Assim, em respeito ao princípio da intervenção mínima, não se há falar em tipicidade da conduta imputada ao ora recorrido, na linha dos precedentes deste Sodalício.
>
> 5. Recurso especial a que se nega provimento.

Esse entendimento do STJ motivou o Projeto de Lei da Câmara nº 4, de 2016, de iniciativa do deputado federal Alceu Moreira (MDB-RS), originador da Lei nº 13.641, que incluiu o art. 24-A na Lei nº 11.340:

> Art. 24-A. Descumprir decisão judicial que defere medidas protetivas de urgência previstas nesta Lei:
>
> Pena – detenção, de 3 (três) meses a 2 (dois) anos.
>
> § 1º A configuração do crime independe da competência civil ou criminal do juiz que deferiu as medidas
>
> § 2º Na hipótese de prisão em flagrante, apenas a autoridade judicial poderá conceder fiança.
>
> § 3º O disposto neste artigo não exclui a aplicação de outras sanções cabíveis.

Essa inovação legislativa criminalizou o descumprimento das medidas protetivas contidas na Lei Maria da Penha, com a pena variando de 3 (três) meses a 2 (dois) anos de detenção. É, aliás, o único crime previsto na Lei Maria da Penha.

Vez ou outra surge algum comentário em defesa da criação do masculinicídio, havendo até mesmo uma petição pública em circulação nas mídias eletrônicas na qual se pretende que o homicídio praticado pela mulher contra o companheiro tenha a pena agravada, de forma correlata ao feminicídio previsto no artigo 121, inciso VI, do Código Penal. Com a vênia devida, é um grande equívoco. Soa mais como reação retrógrada diante do que foi um aprimoramento legislativo, que é a Lei Maria da Penha. Note-se que a Lei não é nem poderia ser José da Penha. É que, em matéria de gênero, a história de dominação e submissão é protagonizada pelo homem em desfavor de sua companheira, e não o contrário. Eventual existência de um assassinato de companheiro pela mulher é ponto fora da curva e não tem relevância nem estatística nem social. Sem se dizer mais sobre o assunto, fica registrada a crença deste autor de que o estudo e a leitura libertam.

A Lei Maria da Penha nasceu do sofrimento de um número incontável de mulheres ao longo da linha do tempo. É uma resposta importante, mas é apenas um passo no caminho da almejada igualdade. Como visto, a lei sofreu diversas alterações desde seu nascedouro, e tal se deu como consequência do debate sobre seu aprimoramento. Como bem ressaltam a juíza Adriana Ramos de Mello e a professora Lívia de Meira Lima Paiva, estudiosas do assunto, a Lei nº 11.340 é antes de tudo um convite para repensarmos a Justiça, sendo o grande desafio coletivo o fortalecimento dos "mecanismos de prevenção e combate à violência doméstica".[170]

Vejamos os mais recentes desses mecanismos e também aqueles que estão a caminho.

CAPÍTULO 9

Aumentando a proteção à vítima

"Eu não tinha para onde ir e aqui me sinto segura junto com meus dois filhos."[171]

(Mulher vítima de violência praticada pelo marido durante 8 anos e que, ao saber da existência da rede de apoio, procurou a polícia, afastando-se do agressor e sendo acolhida com seus filhos na Casa de Apoio, em Ariquemes, RO)

O ano de 2019 foi especial em termos de alterações na Lei Maria da Penha. Além da Lei nº 13.882, mencionada no capítulo anterior, que garante que os filhos de mulheres vítimas de violência sejam matriculados em escolas próximas de casa, várias outras foram sancionadas. Serão aqui destacadas com trechos das justificativas apresentadas nos respectivos projetos de leis e com indicação dos parlamentares proponentes, que se preocuparam com o tema e tantas vezes ficam anônimos quanto ao mérito de suas iniciativas.

A Lei nº 13.827, de 13 de maio de 2019, possibilitou a aplicação de medida protetiva de urgência de afastamento do lar do agressor também pelo delegado de polícia, assim como pelo policial. A previsão está detalhada no artigo 12-C:

> Art. 12-C. Verificada a existência de risco atual ou iminente à vida ou à integridade física da mulher em situação de violência doméstica e familiar, ou de seus dependentes, o agressor será imediatamente afastado do lar, domicílio ou local de convivência com a ofendida:
>
> I - pela autoridade judicial;
>
> II - pelo delegado de polícia, quando o Município não for sede de comarca; ou
>
> III - pelo policial, quando o Município não for sede de comarca e não houver delegado disponível no momento da denúncia.
>
> § 1º Nas hipóteses dos incisos II e III do **caput** deste artigo, o juiz será comunicado no prazo máximo de 24 (vinte e quatro) horas e decidirá, em igual prazo, sobre a manutenção ou a revogação da medida aplicada, devendo dar ciência ao Ministério Público concomitantemente.
>
> § 2º Nos casos de risco à integridade física da ofendida ou à efetividade da medida protetiva de urgência, não será concedida liberdade provisória ao preso.

Esse poder concedido ao delegado e ao policial permite a pronta atuação da autoridade para a medida de afastamento do agressor, o que tem grande valor, notadamente naquelas localidades em que o município não conta com fórum em sua área geográfica, propiciando, assim, ampliação da atuação estatal.

O autor do Projeto de Lei nº 6.433, de 2013, que resultou na lei mencionada, deputado federal Bernardo Santana de Vasconcellos (PR-MG), assim fundamentou a necessidade dessa providência legal:

> A prática tem demonstrado que o prazo de 48 horas para que as medidas protetivas de urgência requeridas pela vítima de violência doméstica e familiar contra a mulher sejam encaminhadas ao Poder Judiciário para que só então sejam apreciadas pelo juiz é

excessivamente longo, haja vista que no calor dos acontecimentos, logo que a vítima procura a polícia, na grande maioria [sic] das vezes, o agressor foge para evitar sua prisão em flagrante, valendo-se de brechas na legislação que impedem a adoção de medidas necessárias à efetiva proteção da vítima, seus familiares e seu patrimônio.

A situação se agrava ainda mais nos fins de semana e fora dos horários de expediente, quando muitas vezes as vítimas estão em suas residências com seus algozes e nada podem fazer, senão aceitar a violência, se esconder ou procurar uma delegacia para registrar a ocorrência sem que seu agressor saiba.

Não raramente, após efetuar o registro da ocorrência, a vítima retorna à sua residência e passa viver momentos de terror, com medo de que o agressor volte a lhe praticar atos de violência doméstica. A experiência comprova que, após tomar conhecimento do registro da ocorrência pela vítima, o autor das agressões se torna ainda mais hostil, colocando sob grave e iminente risco a integridade física e a vida da vítima.

Por essas razões, passou da hora de se criar medidas legislativas mais eficazes para a proteção efetiva da mulher vítima de violência doméstica e familiar, pois é dever do Estado evitar que situação como as que ora se vivenciam se perpetuem.

Assim, promove-se o aperfeiçoamento da Lei Maria da Penha, no sentido de atender à demanda de todas as mulheres vítimas que, em razão da morosidade estatal, continuam em situação de vulnerabilidade e de grave risco.

Para tanto, a autoridade policial que primeiro tomar conhecimento da ocorrência poderá aplicar, especialmente naquelas hipóteses em que o plantão policial é o único refúgio da vítima, as medidas protetivas de urgência previstas nos incisos I a IV do art. 22, no inciso I do art. 23 e no inciso I do art. 24, comunicando de imediato ao Ministério Público e ao juiz competente, que poderá rever a qualquer tempo as medidas aplicadas.

São medidas imprescindíveis, pois, como dito, muitas vezes o fato ocorrido no fim de semana ou nos recônditos de difícil acesso impedem a aplicação de medidas em tempo hábil à proteção da vítima, que fica à espera durante dias até que uma medida concreta contra o agressor seja tomada.[172]

A Lei nº 13.827 acima referida também trouxe o artigo 38-A, que trata do registro das medidas protetivas de urgência em bancos de dados mantido e regulamentado pelo Conselho Nacional de Justiça. Esse banco tem importância porque proporcionará estatísticas com dados confiáveis e consolidados, pois será nacional, tornando possível se conhecer melhor a questão e, assim, contribuir para a elaboração de políticas públicas mais eficientes.

Outra novidade legislativa é a responsabilidade atribuída ao agressor de ressarcir as despesas pelos serviços que o SUS prestou às vítimas de violência doméstica e familiar, promovida pela Lei nº 13.871, de 17 de setembro de 2019, que alterou o artigo 9º da Lei Maria da Penha. Sobre a necessidade de se responsabilizar os agressores, assim justificou o deputado federal Rafael Motta (PSB-RN), coautor do Projeto de Lei nº 2.438, de 2019 (número anterior: PL 9.691, de 2018):[173]

> A lei precisa deixar bem clara a responsabilidade dos agressores alcançados pela Lei Maria da Penha em arcar com todos os prejuízos que ele causou. Os gastos do atendimento prestado pelo SUS, pagos com recursos públicos, também precisam ser objeto de reparação, do contrário, quem estará assumindo tal responsabilidade, por um ato ilícito, será a sociedade de uma forma geral.[174]

Adveio, em seguida, a Lei nº 13.894, de 29 de outubro de 2019, que ocasionou alterações legislativas na Lei Maria da Penha e no Código de Processo Civil para facilitar o acesso da vítima de violência doméstica à Justiça no tocante a "ação de divórcio, separação judicial, anulação de casamento e reconhecimento da união estável a ser dissolvida". O objetivo, segundo o autor do Projeto de Lei nº 510, de 2019, deputado federal Luiz Lima (PSL-RJ), foi o de "minimizar os efeitos negativos, e muitas vezes catastróficos, para a ofendida, por conta da convivência durante o andamento do processo de divórcio ou dissolução da união estável".[175]

A Lei nº 13.880, de 8 de outubro de 2019, introduziu dispositivos para determinar a apreensão de arma de fogo sob posse do agressor em casos de violência doméstica. O Projeto de Lei nº 17, de iniciativa do deputado federal Alessandro Molon (PSB-RJ), em sua justificativa, apontava uma triste estatística a respeito do feminicídio no Brasil e sua relação com a arma de fogo como instrumento número um usado pelos algozes:

> Segundo números da Organização Mundial da Saúde, o Brasil é o quinto país que mais mata mulheres no mundo. O Anuário Brasileiro de Segurança Pública de 2017 indica que uma mulher foi assassinada a cada duas horas em 2016. O Mapa da Violência de 2015 constata que a arma de fogo foi o meio mais usado nos homicídios de mulheres.[176]

A Lei Maria da Penha está voltada para uma realidade complexa, permeada por valores culturais, sendo um desses elementos o machismo e a assimetria de poder que, de forma geral, ocorre na questão de gênero. Por isso, tantas alterações e adaptações nessa lei. Significa, de um ponto de vista positivo, que a sociedade não está parada, ou seja, que novas respostas são dadas para os problemas mais significativos que ficam expostos e merecem novo tratamento legal. Assim, há diversos projetos de lei em tramitação a respeito desse tema, como os que são destacados a seguir.

O Projeto de Lei nº 1.729, de 2019, de iniciativa do senador Jayme Campos (DEM-MT), prevê a proibição de nomeação de "condenados por crime de violência contra a mulher" para "cargo ou emprego público de qualquer natureza, no âmbito da Administração Pública direta e indireta, inclusive empresas estatais".[177] Aponta o parlamentar que algumas Unidades da Federação já produziram leis nesse sentido e que a lei proposta dará a essa regra alcance nacional, servindo, ainda, para contribuir na prevenção desses delitos contra a mulher.

O Projeto de Lei nº 3.475, de 2019, do senador Rodrigo Pacheco (DEM-MG), cria o direito subjetivo de remoção em favor da servidora pública federal vítima de "violência doméstica e familiar", independentemente do interesse da Administração. Eis trecho da justificação:

> Umas das medidas essenciais para a proteção da mulher vítima de violência doméstica é a interrupção do convívio com o agressor.
>
> Acontece que essa interrupção pode ser dificultada em razão da localidade de trabalho da servidora.
>
> Não é raro que o agressor de uma servidora seja seu próprio colega de trabalho ou, ainda, que a vítima trabalhe em cidade pequena. Nessas situações, a necessidade de mudança de domicílio para outra cidade se revela indispensável à proteção da integridade física da servidora.
>
> No rol das hipóteses que autorizam a remoção do servidor, independentemente do interesse da Administração, não consta a situação de violência doméstica ou familiar.
>
> É preciso urgentemente preencher essa lacuna legal.
>
> O ato de remoção visa preservar o direito à vida, à integridade física, à segurança e ao trabalho. São bens jurídicos que ostentam importância suficiente para justificar a remoção da servidora, independentemente da vontade ou do interesse da Administração.[178]

O Projeto de Lei do Senado nº 381, de 2018, de iniciativa do senador Cristovam Buarque (CIDADANIA-DF), propõe a aplicação da pena de perdimento de bens e valores ao "autor de crimes de lesões corporais contra a mulher, feminicídio, estupro e dos praticados com violência doméstica e familiar contra a mulher".[179] Na justificação desse projeto, o legislador destaca:

> A violência contra a mulher é um problema estrutural no Brasil, que afeta milhares de mulheres de todas as classes sociais, etnias e regiões brasileiras.
>
> Embora tenha havido muitos avanços na legislação brasileira, sendo a Lei nº 11.340, de 2006 (Lei Maria da Penha) considerada pela Organização das Nações Unidas (ONU) como uma das três leis mais avançadas do mundo no enfrentamento à violência contra as mulheres, os números relacionados a essa violência ainda são alarmantes no Brasil.[180]

O Projeto de Lei nº 2.510, de 2020, de autoria do senador Luiz do Carmo (MDB/GO), embora não proponha mudança na Lei Maria da Penha, leva em consideração o aumento dos números da violência doméstica contra a mulher a partir do isolamento social decorrente da pandemia da Covid-19, e tem por objetivo tornar obrigatório que condôminos, locatários, possuidores e síndicos de condomínios informem às autoridades sobre os casos de violência doméstica e familiar contra a mulher de que tenham conhecimento. A aprovação desse projeto implica em alterações na Lei de Condomínio e Incorporações Imobiliárias e nos Códigos Civil e Penal.[181]

A Lei nº 6.539, de 13 de abril de 2020, do Distrito Federal, seguindo essa mesma linha, tornou compulsório a síndicos e representantes de condomínios residenciais que acionem imediatamente a autoridade policial em casos de violência doméstica e familiar, com imposição de advertência e, a partir da segunda autuação, multa.[182] Outras Casas Legislativas estaduais aprovaram leis semelhantes, como: Bahia (Lei nº 14.278/2020), Maranhão (Lei nº 11.292/2020), Minas Gerais (Lei nº 23.643/2020) e Rio de Janeiro (Lei nº 9.014/2020).[183] As leis da Bahia e do Maranhão contêm imposição de multa, como feito na Lei Distrital referida. Embora as leis sancionadas em Minas Gerais e no Rio de Janeiro não cominem sanção para a hipótese de descumprimento, não deixam de significar um passo contra a cultura de se fechar os olhos à violência doméstica e familiar que ocorre ao lado.

Tramitam várias dezenas de outros projetos de lei com propostas de alterações na Lei Maria da Penha ou mesmo em outras leis que se relacionam com o tema da violência doméstica. Porém, há críticas sobre a ausência de um debate público sobre essas proposições e também no sentido de que tantas modificações podem gerar insegurança, pois é como se a lei estivesse sempre incompleta. Mas ter a lei é importante, ainda mais em nosso sistema, que tem tradição no direito codificado. Assim, a despeito de críticas e preocupações pertinentes, a lei existe e cumpre uma importante função.

A proteção da mulher vítima de violência está na Lei Maria da Penha e também em outras. Relevantes as medidas protetivas, como vimos anteriormente, como também o é o feminicídio ter sido erigido a uma categoria típica penal própria, que é o que será abordado a seguir.

CAPÍTULO 10

O feminicídio na lei penal

> *"Eu senti a faca entrando no meu pescoço e dei um pulo. Meu dedo até cortou porque eu já acordei me defendendo do ataque e minha primeira reação foi de conferir se realmente era ele."*
>
> *(Relato de Elaine, atacada e esfaqueada pelo ex-marido em sua casa, à revista "Isto é". No ataque, recebeu 8 facadas, sendo 6 no pescoço, 1 na cabeça e 1 na mão)*[184]

A violência doméstica pode atingir qualquer mulher. O relacionamento que no início parecia um sonho tem o potencial de se transformar no inferno, mas os sinais das labaredas não aparecem ou quase não aparecem na fase do encantamento. É comum a vítima ignorar as primeiras demonstrações de comportamento abusivo, que tende a se tornar mais frequente e escalar em termos de gravidade.

A advogada A.M.M. foi severa e longamente espancada pelo companheiro dentro do quarto do casal, em 6 de abril de 2016. A filha adolescente, que estava no quarto ao lado, ligou para seus dois irmãos, que se dirigiram ao local, destrancaram a porta do quarto e salvaram a vítima. Ela narra a evolução dessa agressividade:

> Hoje sei que ele deu vários sinais, mas não dei atenção. Gritou comigo algumas vezes, fez brincadeiras vexatórias em outra ocasião, tentou me diminuir inúmeras vezes, dizendo que eu não servia para nada. Porém, eu não percebi que a grosseria e a agressividade estavam evoluindo e que poderiam acabar em agressão física.[185]

É do pequeno passo que se faz a grande caminhada. No caso, o pequeno passo é a agressão menor à companheira; e o final do caminho é o arrebatamento de sua vida pelo agressor. É o feminicídio, crime de ódio baseado no gênero.

Há uma dificuldade relativa aos números do feminicídio. O uso de sistemas/nomenclaturas diferentes para efeitos estatísticos pelas Unidades da Federação, além de precariedades de toda ordem a recair sobre a polícia judiciária (quadros reduzidos, investimento insuficiente na perícia técnica, dentre outros), pode acabar classificando como homicídio o que seria feminicídio, de forma que há bastante espaço para aprimoramento nesse setor.

A relatora da CPMI da Violência contra a Mulher, senadora Ana Rita, ressaltou as dificuldades quanto à estatística: "Recebemos informações desencontradas vindas dos estados e até mesmo de um único estado, porque cada um registra a seu modo".[186]

A publicação *Mapa da Violência 2015: Homicídio de Mulheres no Brasil*, após esclarecer a metodologia utilizada em sua conclusão, estima que "do total de 4.762 vítimas femininas registrado em 2013 pelo SIM, 2.394, isso é, 50,3% do total de homicídios de mulheres, nesse ano, foram perpetrados por um familiar direto da vítima (7 por dia)".[187]

A mesma publicação, no capítulo dedicado às estatísticas internacionais, aponta que o Brasil – com a taxa de 4,8 homicídios por 100 mil mulheres – está, de acordo com dados da Organização Mundial de Saúde, na 5ª pior posição, atrás apenas de El Salvador, Colômbia, Guatemala e Federação Russa, em um grupo considerado de 83 países. Na 75ª posição está o Reino Unido, com número 48 vezes menor que o do Brasil.[188]

A CPMI da Violência contra a Mulher concluiu seu relatório final em 4 de julho de 2013, contendo recomendações e propostas de alteração legislativa. A partir desse trabalho, adveio a Lei nº 13.104/2015, que alterou o Código Penal para prever a figura típica do feminicídio, alterando também a Lei nº 8.072, de 25 de julho de 1990, para nela incluí-lo no rol dos crimes hediondos.

Assim, o homicídio qualificado, previsto no artigo 121, § 2º, do Código Penal, recebeu mais um inciso, o VI, que traz para o preceito legal o feminicídio, que é quando o homicídio é cometido "contra a mulher por razões da condição de sexo feminino". A sanção, no homicídio simples ("matar alguém"), é de 6 a 20 anos de reclusão. Já no homicídio qualificado, como agora é o caso do feminicídio, as balizas são de 12 a 30 anos de reclusão.

Foi também acrescentado o § 2º-A ao referido artigo 121, que explicita quais as "razões de condição de sexo feminino" no crime contra a vida em questão. São elas: I – violência doméstica ou familiar; e II – menosprezo ou discriminação à condição de mulher.

A Comissão Permanente de Combate à Violência Doméstica e Familiar contra a Mulher (Copevid), através de seus Enunciados nº 23 (005/2015) e nº 24 (006/2015), manifesta o entendimento de que as qualificadoras de ambos os incisos têm natureza objetiva, ou seja, verificada a condição descrita, não há espaço para interpretação.[189]

Haja ou não algum espaço para interpretação, especialmente quanto à circunstância do inciso II ("menosprezo ou discriminação à condição de mulher"), fato é que o feminicídio erigido à categoria penal é uma vitória na batalha contra a violência de gênero.

A alteração, como já mencionado, se deu também na Lei nº 8.072/1990, conhecida como Lei dos Crimes Hediondos. Como todas as formas de homicídio qualificado estão ali previstas (artigo 1º, inciso I), o feminicídio é, portanto, crime hediondo e, assim sendo, é insuscetível de anistia, graça, indulto e fiança (artigo 2ª, incisos I e II). Fica também recrudescida a execução penal, pois a progressão de regime só poderá ocorrer depois do cumprimento de 2/5 da pena, se o apenado for primário, e de 3/5, caso seja reincidente (artigo 2º, § 2º).

Esse aprimoramento da legislação penal contribui para proteger a mulher. Mas será que esse império da lei resolve as questões que justificam sua existência? Decerto que não.

Adriana Ramos de Mello aponta que "o feminicídio e outras formas de violência contra a mulher são fenômenos globais"[190] e que "as mulheres não são cidadãs de pleno direito nem mesmo em sociedades democráticas".[191]

A violência contra a mulher existe e somos rotineiramente expostos a ela, seja de forma direta ou indireta. Se não for pelo drama próprio, poderá sê-lo pelo alheio, de algum parente ou conhecido, além das notícias que nos chegam através dos meios de comunicação.

Então, havendo lei, o que mais poderia ajudar a reduzir a triste realidade da desigualdade de gênero e seus reflexos, especialmente nas nefastas taxas, reveladas e ocultas, de violência doméstica e contra a mulher?

A seguir, algumas respostas.

CAPÍTULO 11

Ideias e providências pela proteção da mulher

> *"A cada homem que a gente prende, essa estrutura perversa da sociedade cria mais quatro, cinco. Então, eu preciso saber onde é que está sendo esse nascedouro, e lá é que preciso atuar."*[192]
>
> *(Major Denice Santiago, policial militar e psicóloga, criadora da Ronda Maria da Penha, na PMBA)*

Um número de telefone foi disponibilizado, com funcionamento em todo o território nacional, para atender denúncias de violência contra a mulher. Criada pela Lei nº 10.714, de 13 de agosto de 2003, a Central de Atendimento à Mulher em Situação de Violência entrou em funcionamento em 2005. É serviço de utilidade pública, gratuito, confidencial e o número de acesso é o 180, sendo administrado pela Secretaria Nacional de Políticas para as Mulheres (SNPM), do Ministério da Mulher, da Família e dos Direitos Humanos (MMFDH).

O serviço propõe uma escuta qualificada para as mulheres em situação de violência, bem como presta informações sobre os direitos da mulher, inclusive indicando os locais de atendimentos mais apropriados para cada situação, que podem ser a Casa da Mulher Brasileira, Centros de Referência, Delegacias de Atendimento à Mulher (DEAM), dentre outros.[193] O Ligue 180, segundo dados divulgados pelo MMFDH, registrou 1,3 milhão de ligações em 2019.[194]

A integração de serviços em prol da mulher vítima deu um passo à frente com o Programa Mulher Segura e Protegida, instituído pelo Decreto nº 10.112, de 12 de novembro de 2019, que alterou o Decreto nº 8.086, de 30 de agosto de 2013. Seu objetivo, conforme seu artigo 1º, é:

> integrar e ampliar os serviços públicos existentes destinados às mulheres em situação de violência, por meio da articulação dos atendimentos especializados no âmbito da saúde, da justiça, da rede socioassistencial e da promoção da autonomia financeira.

Esse programa, dentre as ações previstas, traz a implementação de unidades da Casa da Mulher Brasileira, que são espaços concentradores de serviços especializados e multidisciplinares da rede de atendimento às mulheres em situação de violência. Outra ação prevista é a integração da Casa da Mulher Brasileira com a Central de Atendimento à Mulher (Ligue 180).

A frequência do agressor a programas de recuperação e reeducação, bem como seu acompanhamento psicossocial, é política positiva, a contribuir para quebrar ciclos de violência e reduzir a reincidência. Já existiam programas com essa finalidade em funcionamento em diversos estados, como: o “Grupo Reflexivo de Homens”, do Ministério Público do Estado do Rio Grande do Norte, criado em 2012;[195] o projeto “Tempo de Despertar”, do Ministério Público do Estado de São Paulo;[196] e “Lá em Casa quem Manda é o Respeito!”, do Ministério Público do Estado do Mato Grosso em parceria com o Governo do

Estado do Mato Grosso.[197] Como já visto, a Lei nº 13.984, de 3 de abril de 2020, incluiu esses programas na Lei Maria da Penha, a reforçar a necessidade de que estejam disponíveis em todas as localidades.

Um novo instrumento de proteção para mulheres vítimas de violência é o Dispositivo de Segurança Preventiva (DSP), mais conhecido como "botão do pânico", lançado pelo Tribunal de Justiça do Estado do Espírito Santo (TJES), com apoio do CNJ, em 15 de abril de 2013. Segundo o Mapa da Violência, produzido pela SNPM, do MMFDH, que considerou o período de 1980 a 2010, o Espírito Santo figurava como o estado com o maior número nacional de homicídios femininos. Visando atacar essa triste estatística, o DSP passou a ser entregue a mulheres beneficiadas por medidas protetivas. O aparelho contém GPS e gravador de áudio e, uma vez acionado, a Guarda Municipal se dirige imediatamente ao local onde está a vítima. Dessa forma, permite uma pronta atuação da autoridade e ainda propicia gravação que poderá ser usada como prova em Juízo.[198]

A juíza Hermínia Maria Silveira Azoury, da Coordenadoria Estadual da Mulher em Situação de Violência Doméstica e Familiar, do TJES, em entrevista após um ano de uso do "botão do pânico", salientou o êxito da experiência e "disse que a Lei Maria da Penha, por si só, é muito boa, mas é necessário que haja a execução daquilo que a lei traz em seu texto". Apontou, ainda, a necessidade de se "mudar a cultura de mulher como propriedade" e anunciou o lançamento de uma cartilha destinada a alunos do Ensino Fundamental sobre a igualdade de gênero. Em suas palavras: "Para mudar essa mentalidade, tudo começa pela educação".[199]

Segundo o CNJ, o "botão do pânico" passou a ser adotado pelas Varas especializadas em diversos outros Tribunais do país, tendo o juiz Alessandro Arrais Pereira, da 2ª Vara da Comarca de Grajaú, no Maranhão, afirmado que:

> O uso dos dispositivos eletrônicos constitui uma liberdade vigiada, alternativa à prisão preventiva, contribuindo, portanto, para diminuir a população de presos provisórios, bem como um instrumento para melhor fiscalização do Estado quanto ao fiel cumprimento das medidas judiciais impostas.[200]

Na mesma matéria da Agência CNJ de Notícias, é informado sobre uma ação conjunta do Governo do Estado da Paraíba, Judiciário e Ministério Público, que é o fornecimento de um aplicativo de celular chamado "SOS Mulher", que funciona de forma similar ao "botão do pânico". A iniciativa pioneira foi posta em prática pelo Juizado de Violência Doméstica e Familiar contra a Mulher da Comarca de Campina Grande.

O Tribunal de Justiça do Estado do Rio de Janeiro (TJRJ), a partir do segundo semestre de 2019, passou a distribuir um aparelho como o referido "botão do pânico", porém conectado a uma tornozeleira eletrônica que é usada pelo agressor. Se este se aproximar da vítima, a central de monitoramento é avisada e entra em ação.[201]

Uma outra boa ideia para o aumento da proteção à mulher vítima é o programa "Patrulha Maria da Penha". No Rio de Janeiro, foi lançado em 5 de agosto de 2019, através de convênio celebrado pelo TJRJ e a Polícia Militar do Estado do Rio de Janeiro (PMERJ). A Patrulha é realizada por um grupo de policiais militares, que receberam treinamento de magistrados para atendimento de vítimas de violência doméstica, cabendo-lhes fiscalizar o cumprimento das medidas protetivas.[202]

Programas com mesmo nome e função foram criados também em outros estados, por exemplo, Ceará, Pará, Paraíba, Paraná, Rio Grande do Sul, Rondônia e Roraima. Nesse último, existe desde 2015. Na Bahia, o programa similar recebeu o nome de "Ronda Maria da Penha", também criado em 2015. Em alguns municípios, onde o convênio foi celebrado com a Guarda Municipal, o programa se chama "Patrulha Guardiã Maria da Penha", como em Jundiaí e em Santos. No estado de São Paulo, a "Patrulha Maria da Penha" virou lei, no caso, a Lei estadual nº 17.260, de 30 de março de 2020. Inclusive, tramita o Projeto de Lei nº 7.181, de 2017, originado do Projeto de Lei do Senado nº 547, de 2015, com o objetivo de incluir essas patrulhas na Lei Maria da Penha, de forma a torná-las universais no território nacional.[203]

Iniciativa original e importante é o Projeto Violeta, desenvolvido pelo I Juizado de Violência Doméstica e Familiar contra a Mulher da Comarca do Rio de Janeiro e implantado desde junho de 2013, que tem como objetivo a rapidez de atendimento à vítima de violência doméstica. A partir do registro da ocorrência na Delegacia, o caso é imediatamente encaminhado ao Juizado, onde a vítima é orientada por uma equipe multidisciplinar, recebendo assistência jurídica. Após manifestação do Ministério Público, é proferida decisão a respeito das medidas protetivas de urgência pertinentes ao caso.[204] A ideia é a aplicação de uma "justiça *express*", com redução da duração desses procedimentos de 4 dias para 4 horas. Ou seja, uma justiça rápida e com qualidade, garantindo segurança e proteção à vítima e contribuindo para que seu sofrimento não protraia no tempo. O Projeto Violeta foi idealizado pela juíza Adriana Ramos de Mello, tendo recebido o Prêmio Innovare de 2014, na categoria juiz.[205]

Capacitação e treinamento dos operadores do Direito são também medidas-chave. As diversas instituições que integram a Justiça Criminal, usualmente através de suas escolas, têm se preocupado em trazer para os currículos de seus cursos de formação e aperfeiçoamento o tema da violência de gênero, assim como o da violência doméstica contra a mulher, forma conglobada pelo primeiro. Assim tem feito a Enfam, as escolas de magistratura dos vários Tribunais, a Enamp e tantas outras. Essa orientação é importante porque o treinamento deve ser dirigido a todos: policiais, delegados, defensores, membros do Ministério Público e magistrados.

A observação pelos entes estatais, bem como ações não-governamentais, no desenvolvimento das políticas públicas contidas no artigo 8º da Lei Maria da Penha, realizando-as e ampliando-as, é fundamental para um futuro onde a igualdade se realize, cabendo a todos cobrar e ajudar no que for possível, pois viajamos todos no mesmo e único barco.

Decerto que precisamos que a população esteja tão familiarizada com o número 180 quanto está com o 190. Certamente que precisamos de mais Casas da Mulher, mais Centros de Referência, mais DEAMs, e que estas instituições estejam melhor preparadas e apetrechadas para receber aquelas que necessitam de seus serviços. Mais que necessária a difusão dos programas de recuperação e reeducação de agressores, seu acompanhamento psicossocial, e também grupos de apoio para as mulheres vítimas dessa violência. Precisamos de mais "botões do pânico" e também que as Patrulhas Maria da Penha estejam presentes em todos os estados e possam cobrir todas as localidades. Melhor capacitação dos profissionais da Justiça Criminal é também outra peça a compor o mosaico. Algo importante tem sido feito, mas precisamos ampliar o alcance do que já existe e criar o que for necessário.

Novas tecnologias. Novas ideias. Cursos de formação e aperfeiçoamento. Cumprimento das políticas públicas previstas na legislação específica. Delegacias especializadas, formal e materialmente preparadas, para atendimento da mulher vítima de violência. Disseminação e ampliação das casas de abrigo. Tudo isso junto e o que mais vier a ser criado para o tratamento dessa violência, a permitir a melhor compreensão e a redução dessa triste realidade.

Temos lei, tecnologias e ideias. Sabemos também que o que existe é bom, mas precisa ser ampliado. O que mais poderia contribuir para o enfrentamento do tema?

CAPÍTULO 12

Precisamos falar sobre ela

"Sabemos que sair de um ciclo de violência é um processo difícil e doloroso, mas não estamos mais sozinhas. Não precisamos mais sofrer durante anos em silêncio, suportando todos os tipos de violência dentro do nosso próprio lar, lugar onde deveríamos ser acolhidas e amparadas. Eu nunca imaginei que a minha luta, que começou com muita dor e sofrimento, chegasse aonde chegou. Ter o meu nome batizando uma lei que pode salvar vidas e proporcionar novos recomeços a milhares de mulheres é, para mim, uma honra, mas também uma grande responsabilidade; por isso, não me permito parar. Tenho consciência da minha missão, e a minha vida é toda dedicada a essa causa. Seguimos unidas."[206]

(Maria da Penha Maia Fernandes, vítima de violência doméstica e cujo nome batiza a Lei nº 11.340/2006)

Precisamos falar. Falar sobre ela. Falar sobre elas. Falar sobre eles também. Reconhecer a existência da problemática a envolver a violência contra a mulher, especialmente a aqui tratada, que é a violência doméstica perpetrada pelo companheiro ou ex. Por que a mesma boca que declarou amor passa a ofender? Por que as mãos que um dia abraçaram passam a agredir? Por que aquele que prestou cuidados à amada se torna seu assassino?

Este autor, quando juiz na 2ª Vara Criminal da Comarca de Petrópolis, nos anos 90, julgou um caso em que a companheira, ao saber pela filha que seu parceiro teria para esta se insinuado, colocou os pertences dele para fora do apartamento e trocou a fechadura, pondo assim fim à relação. Ele, ao chegar, não aceitou aquela situação, pois queria ter a oportunidade de conversar. Como não teve êxito, em represália, resolveu cortar os freios do automóvel da mulher, sendo que o local em que residiam tinha muitas ladeiras. O delito foi descoberto, felizmente sem consequência para a integridade física da mulher. Houve debate se teria sido tentativa de homicídio, mas acabou não sendo assim considerado, de forma que o réu não foi a júri, vindo a ser processado por crime de perigo para a vida e também por delito de dano, pelo que foi condenado.

Como esse réu trabalhava perto do Fórum, os caminhos de réu e juiz por algumas vezes se cruzaram. Na última vez em que isso ocorreu, ação penal já terminada, o referido condenado contou que iria se casar. Reagindo àquela informação, foi-lhe perguntado sobre quem seria a noiva e ele, com muita satisfação, informou que era a sua antiga companheira, a mesma que um dia quase foi vítima fatal daquele seu momento de ira.

Outra ação criminal que tramitou na mesma Vara foi a de uma mulher que apontava o marido como agressor. Adveio sentença condenatória por lesões corporais e, como ele era primário e com bons antecedentes, houve substituição da pena restritiva de liberdade por pena de multa. Passado um tempo, a escrivã, perplexa, avisa que o condenado, acompanhado da esposa vítima, estivera no cartório para retirar a guia para pagar a multa e que tinha sido ela, a vítima, quem saiu dali com a guia em mãos diretamente para o banco, que tinha um posto dentro do próprio Fórum, exatamente em frente ao Cartório da Vara.

Um dia, juiz e vítima se encontraram na porta do Fórum, cumprimentaram-se e o primeiro lhe perguntou se tinha realmente sido ela a pagar a multa imposta ao marido na ação penal. Ela respondeu que sim e esclareceu que em sua casa eles não tinham dívida e que quem administrava o dinheiro era ela. Assim o disse com convicção e deixando transparecer um certo ar de dever cumprido.

São dois casos emblemáticos e intrigantes, a reforçar o acerto da visão de Max Weber de que a realidade é infinita e complexa.

O que impulsiona uma mulher vítima de crime de gênero a reatar com seu algoz? O que move uma vítima de violência doméstica, que na ação criminal de lesões corporais foi firme a respeito da autoria e culpabilidade de seu marido agressor, a assumir para si o pagamento da multa criminal a ele imposta? Que elementos psicológicos e culturais estão em movimento, como múltiplos vetores, a impulsionar a decisão de cada uma dessas mulheres vítimas? Por que reatar laços com quem as fez sofrer? Além disso, que suporte para vítimas as instituições ou a sociedade organizada oferecem? O que mais pode ser feito para conscientizar as pessoas? Que outras formas de prevenção podem ser implementadas?

Estas são só algumas indagações, mas certamente há muitas outras, pelo que, mais importante do que perguntas e perplexidades, é a consciência de que o problema existe e precisamos discuti-lo.

Violência contra as mulheres e necessidade de igualdade de gênero são assuntos fundamentais às sociedades. Temos, no Brasil, uma longa caminhada que contribuiu para a melhoria desse quadro, mas que está longe de ser considerada uma estação de chegada. Temos leis importantes e, no panorama mundial, propostas de ação, como a Plataforma de Ação de Beijing e o *Spotlight Initiative*, ambas da ONU e já aqui referidas.

Como essa violência – tanto a violência geral contra a mulher, quanto a violência doméstica contra ela – está interpenetrada na cultura, a despeito de leis e desenvolvimento de políticas públicas por governos e organizações, algo resta imprescindível: precisamos falar sobre ela. Expô-la, desmascará-la e, oxalá, desmontá-la.

Sobre ela, tendo a preposição duplo sentido, pois significa tanto a necessidade de se falar dela quanto de revelar a pressão que lhe esmaga.

Precisamos falar sobre ela e nunca perder de vista que a igualdade de gênero certamente é uma questão fundamental e antecedente, a permitir uma realidade menos dramática às mulheres.

Precisamos falar sobre ela nas escolas, nas universidades, nas instituições, inserindo-a nos currículos e nos cursos de capacitação e de formação continuada.

Como precisamos falar sobre ela, nasce esta obra, cujo ponto de partida e inspiração foi um roteiro para cinema preocupado em expor essa desigualdade em uma situação de violência que, um dia embrionária, se desenvolve no cotidiano do casal.

A mensagem não é sobre uma pessoa. Não é bem sobre ela, mas é sobre elas. Muitas elas. Muitas delas. E "sobre elas" atrai "sobre eles", pois a chave de um futuro saudável para todos transita pela quebra do ciclo de violência, seja pelo lado da vítima, seja pelo do agressor. Estanca-se a violência presente e se evita sua repetição pelo mesmo agressor no futuro, bem como sua reprodução pelos "projetos" de agressor, que são os meninos e rapazes que, por terem presenciado e/ou experimentado essa violência, podem se tornar os parceiros abusivos das mulheres que cruzarão seus caminhos.

Aproximando-se do ponto que não se quer final, fica aqui o forte desejo de que a alteridade, como vacina para uma pandemia, possa ser introjetada nas almas dominadas pelo machismo, quebrando-se ciclos de violência e permitindo um mundo menos desigual e, portanto, mais justo.

Mais justo para eles e para elas.

Mais justo para todos.

NOTAS DE FIM

1 *Saudades do Raul* (2015), *Lava Lava* (2016), *Mandacaru* (2016), *Pena da Galinha* (2017), *Acaiaca* (em português, 2017; em inglês, 2018), *Kekerê* (2017), *Contramão* (2018) e *Dispare Notas Musicais* (em inglês, *Fire Musical Notes*, 2019). Todas as canções são do autor desta obra, sendo que *Dispare Notas Musicais* é uma parceria com o cantor e compositor Matheus von Krüger. Todas as músicas foram gravadas pelo Urca Bossa Jazz e a maioria dos clipes foi realizada pelo Gabinete de Artes.

2 A animação de *Mandacaru* foi feita por Allan Matias.

3 LuCAS Chewie é ilustrador e animador. Seus traços estão presentes no clipe de animação *Sobre Ela*. LuCAS também trabalhou nas equipes de *Acaiaca* e *Kekerê*, bem como dirigiu os clipes *Contramão* e *Dispare Notas Musicais*.

4 Violência de gênero e violência doméstica contra a mulher não são sinônimos, embora a segunda expressão esteja contida na primeira.

5 A propósito e a despeito de diversos debates possíveis a respeito do assunto, registra-se aqui como diferença entre sexo e gênero: "Embora gênero seja uma palavra que tem uma longa história de usos diferentes, seu significado sociológico refere-se a ideias culturais que constroem imagens e expectativas a respeito de machos e fêmeas. Esse fato distingue gênero de sexo, cujo escopo se limita a diferenças biológicas, como a função reprodutiva". (JOHNSON, Allan. **Dicionário de sociologia**: guia prático da linguagem sociológica. Rio de Janeiro: Jorge Zahar, 1997. p. 205).

6 Sobre uma diferença entre sociedade e cultura: "dado o fato de que a cultura pode ser reificada no tempo e no espaço (através de sua projeção e materialização em objetos), ela pode sobreviver à sociedade que a atualiza num conjunto de práticas concretas e visíveis. Assim, pode haver cultura sem sociedade, embora não possa existir uma sociedade sem cultura". (DAMATTA, Roberto. **Relativizando:** uma introdução à antropologia social. Rio de Janeiro: Rocco, 1987. p. 50).

7 GOLDMANN, Lucien. **Ciências humanas e filosofia**. 12 ed. Rio de Janeiro: Editora Bertand, 1993, p. 20.

8 HEILBORN, Maria. Gênero, sexualidade e saúde. In: **Saúde, sexualidade e reprodução** - compartilhando responsabilidades. Rio de Janeiro: Editora da UERJ, 1997, p. 101-110. Disponível em: <https://cursosextensao.usp.br/pluginfile.php/48783/mod_resource/content/0/HEILBORN.%20G%C3%AAnero%2C%20sexualidade%20e%20sa%C3%BAde..pdf>.

9 SHAKESPEARE, William. **Otelo, o mouro de Veneza**. [1603] Disponível em: <https://docs.google.com/viewer?a=v&pid=sites&srcid=ZGVmYXVsdGRvbWFpbnxtcm1lcmFyaXxneDozYjhjYzQ4NjExMjlhOTI1>.

10 Direito de pernada ou direito da primeira noite. Em latim, *jus primae noctis*. Costume que, na Idade Média, dava direito ao senhor feudal de passar a primeira noite com a noiva de um servo sob seu domínio. Embora não haja comprovação de que tenha representado uma prática difundida, havendo inclusive quem o considere um mito, há evidência de sua ocorrência, como revela o item 8 do Projeto de Concordia, de 1462, depois da Primeira Guerra de Remensa, na Catalunha. *Vide:* PASTOR, Reyna. *Alain Boureau, le droit de cuissage. La fabrication d'um mythe XIIe.-XXe. siecle, Albin Michel, devolution de l'humonite.* Paris 1995. **La Aljaba - Segunda Época,** v. VII, p-214-217, 2002. Resenãs. Disponível em: <http://www.biblioteca.unlpam.edu.ar/pubpdf/aljaba/n07a09boureau.pdf>.

11 UNFPA. ***Child** marriage*. Disponível em: < https://www.unfpa.org/child-marriage>.

12 PLAN INTERNATIONAL. **Tirando o véu** – estudo sobre casamento infantil no Brasil. 25 jun. 2019. Disponível em: <https://plan.org.br/https-plan-org-br-wp-content-uploads-2019-07-tirando-o-veu-estudo-casamento-infantil-no-brasil-plan-international-pdf/>.

13 STOPVAW. ***Bride kidnapping***. jul. 2019. Disponível em: <https://www.stopvaw.org/bride_kidnapping>.

14 *THIS BARBARIC 'bride kidnapping' practice still exists in these countries.* **NYPOST**, 20 nov. 2017. Living. Disponível em: <https://nypost.com/2017/11/20/this-barbaric-bride-kidnapping-practice-still-exists-in-these-countries/>.

15 TAKSEVA, Tatjana. *Genocidal rape, enforced impregnation, and the discourse of Serbian National Identity.* **CLCWeb – Comparative Literature and Culture**, 1 set. 2015. Disponível em: <https://www.researchgate.net/publication/303730515_Genocidal_Rape_Enforced_Impregnation_and_the_Discourse_of_Serbian_National_Identity>.

16 *THOUSANDS of Rohingya rape victims expected to give birth.* CTVNews, 21 maio 2018. Disponível em: <https://www.ctvnews.ca/world/thousands-of-rohingya-rape-victims-expected-to-give-birth-1.3939466>.

17 SAI, Nancy. *Conflict Profile: Rwanda.* **Women's Media Center**, 8 fev. 2012. Disponível em: <https://www.womensmediacenter.com/women-under-siege/conflicts/rwanda>.

18 CARD, Claudia. *The paradox of genocidal rape aimed at enforced pregnancy.* **The Southern Journal of Philosophy**, v. XLVI, 2008. p. 176.

19 *NIGERIA police raid Lagos 'baby factory'.* **BBC**, 30 set. 2019. Disponível em: <https://www.bbc.com/news/world-africa-49877287>.

20 *MORROCO amends controversial rape marriage law.* **BBC**, 23 jan. 2014. Disponível em: <https://www.bbc.com/news/world-africa-25855025>.

21 BARR, Heather. *Marrying your rapist in Malaysia: men try to avoid rape charges through forced child marriage.* **HRW,** 26 jan. 2017. Disponível em: <https://www.hrw.org/news/2017/01/26/marrying-your-rapist-malaysia>.

22 *MALAYSIA MP: 'Ok for rape victims to marry their rapists'.* **BBC**, 5 abr. 2017. Disponível em: <https://www.bbc.com/news/world-asia-39499546>.

23 HUMAN RIGHTS WATCH. ***Boxed In**: women and Saudi Arabia's male guardianship system.* 16 jul. 2016. Disponível em: <https://www.hrw.org/report/2016/07/16/boxed/women-and-saudi-arabias-male-guardianship-system>.

24 WORLD HEALTH ORGANIZATION. ***Female genital mutilation.*** Disponível em: <https://www.who.int/news-room/fact-sheets/detail/female-genital-mutilation>.

25 WORLD HEALTH ORGANIZATION. ***Female genital mutilation (FGM).*** Disponível em: <https://www.who.int/reproductivehealth/topics/fgm/prevalence/en/>.

26 CENTER FOR HUMAN RIGHTS IN IRAN. *Women's education.* 23 fev. 2015. Disponível em: <https://www.iranhumanrights.org/2015/02/womenreport-womens-education/>.

27 HUMAN RIGHTS WATCH. ***Leave no girl behind in Africa:** discrimination in education against pregnant girls and adolescent mothers.* 14 jun. 2018. Disponível em: <https://www.hrw.org/report/2018/06/14/leave-no-girl-behind-africa/discrimination-education-against-pregnant-girls-and>.

28 ONU. ***Report:** majority of trafficking victims are women and girls; one-third children.* Disponível em: <https://www.un.org/sustainabledevelopment/blog/2016/12/report-majority-of-trafficking-victims-are-women-and-girls-one-third-children/>.

29 STOPVAW. ***Prevalence of trafficking in women.*** jul. 2015. Disponível em: <https://www.stopvaw.org/How_Common_Is_Trafficking_in_Women>.

30 MINISTÉRIO DAS RELAÇÕES EXTERIORES (BRASIL). Consulado-geral do Brasil em Miami. Disponível em: <http://miami.itamaraty.gov.br/pt-br/trafico_de_pessoas.xml>.

31 *SAUDI Arabia issues first driving licences to women.* **BBC**, 5 jun. 2018. Disponível em: <https://www.bbc.com/news/world-middle-east-44367981>.

32 CÓDIGO Penal da Nigéria, Região Norte, Sessão 55 (1) (d). **Equality Now.** Disponível em: <https://www.equalitynow.org/northern_nigeria_the_penal_code>.

33 FRIEDMANN, Sarah. *13 Schocking sexist laws that exist in 2018 (if you can believe it).* Bustle, 24 jan. 2018 Disponível em: <https://www.bustle.com/p/13-shocking-sexist-laws-that-exist-in-2018-if-you-can-believe-it-7985945>.

34 A Agenda 2030 é um plano de ação para as pessoas, o planeta e a prosperidade, que busca fortalecer a paz universal. O plano indica 17 objetivos de desenvolvimento sustentável, os ODS, e 169 metas, para erradicar a pobreza e promover vida digna para todos, dentro dos limites do planeta. Ver mais em: <http://www.agenda2030.org.br/sobre/>.

35 Trecho do discurso do Secretário-geral da ONU no *End Violence Solutions Summit*, em Estocolmo, na Suécia, em 14 fev. 2018. Tradução do autor. Vide: ONU. ***Deputy secretary-general remarks at End Violence Solutions [as prepared for delivery].*** Disponível em: <https://www.un.org/sg/en/content/dsg/statement/2018-02-14/deputy-secretary-general-remarks-end-violence-solutions-summit>.

36 Também chamado de *Spotlight Initiative.*

37 A abolição se deu pela Lei Áurea, de 13 de maio de 1888.

38 Ferro em brasas usado para marcar gado, madeira, couro e escravos.

39 CARNEIRO apud CORTÊS, Natacha. Consciência política. **Portal Geledés**, 14 jun. 2014. Disponível em: <https://www.geledes.org.br/consciencia-politica/>.

40 DAHIR, Abdi. *Chimamanda Adichie has 15 suggestions for how to raise a feminist child.* Quartz Africa, 15 out. 2016. Disponível em: <https://qz.com/africa/809813/chimamanda-adichie-has-15-suggestions-for-how-to-raise-a-feminist-child/>.

41 LEITÃO, Eliane. A mulher na língua do povo. Rio de Janeiro: Edições Achiamé, 1981. p. 30.

42 Ibid, p. 32.

43 SMART, 1976 apud WHITE, Rob & HAINES, Fiona. *Crime and criminology: an introduction.* Melbourne: Oxford University Press, 1996. p. 127.

44 DELGADO, Camila. O androcentrismo nas práticas judiciárias: uma etnografia nas varas e juizados de violência doméstica do Distrito Federal. 2014. Projeto institucional de iniciação científica – Centro Universitário do Distrito Federal. Brasília: UDF, 2014. Disponível em: <https://pt.scribd.com/document/328849910/O-ANDROCENTRISMO--NAS-PRATICAS-JUDICIARIAS>.

45 RODRIGUES apud NORONHA, Heloísa. Nelson Rodrigues dizia que mulher normal gosta de apanhar. Faz sentido? Universa, 21 dez. 2018. Disponível em: <https://universa.uol.com.br/noticias/redacao/2018/12/21/frase-de-nelson-rodrigues-sobre-mulheres-gostarem-de-apanhar-faz-sentido.htm>.

46 BONAPARTE apud BALESTERO, Gabriela. Breves comentários acerca da violência de gênero no Brasil. Cientistas Feministas, 1 jul. 2016. Disponível em: <https://cientistasfeministas.wordpress.com/2016/07/01/breves-comentarios-acerca-da-violencia-de-genero-no-brasil/>.

47 LEITE, Carlos W. 30 frases clássicas sobre as mulheres. Revista Bula. Disponível em: <https://www.revistabula.com/160-30-frases-classicas-sobre-as-mulheres/>.

48 PRAZERES, Heitor dos. **Mulher de Malandro**. Intérprete: Francisco Alves. Rio de Janeiro: Odeon, 1931.

49 HEIDENSOHN, Francis. ***Crime and Society.*** Londres: Macmillan Press, 1989. p. 105.

50 MELLO, Adriana. **Feminicídio:** uma análise sociojurídica da violência contra a mulher no Brasil. Rio de Janeiro: LMJ Mundo Jurídico, 2016. p. 87-88.

51 ORDENAÇÕES Filipinas ou Código Filipino. Disponível no site da Universidade de Coimbra, em: <http://www1.ci.uc.pt/ihti/proj/filipinas/ordenacoes.htm>.

52 BRASIL. Código Criminal do Império. Lei de 16 de dezembro de 1830, artigo 250.

53 MELLO, 2016, p. 88-89.

54 Ibid., p. 89.

55 SOARES, Barbara. **Mulheres invisíveis:** violência conjugal e novas políticas de segurança. Rio de Janeiro: Civilização Brasileira, 1999. p. 27.

56 O Estatuto da Mulher Casada, que é a Lei º 4.121, de 27/08/1962, reconheceu a plena capacidade da mulher casada para a vida civil.

57 HILL, W. E. ***An anti-suffrage viewpoint.*** Charge. Nova Iorque: Puck Publishing Corporation. Disponível na *Library of Congress,* em: <www.loc.gov/item/2011660531/>.

58 SPRUILL, Marjorie; WHEELER, Jesse. *Mississipi women and the woman suffrage amendment.* **Mississipi History Now.** Disponível em: <http://www.mshistorynow.mdah.ms.gov/articles/245/mississippi-women-and-the-woman-suffrage-amendment>.

59 Diversos países denominados de Primeiro Mundo tiveram o voto feminino garantido em data posterior ao Brasil: Itália, França e Japão, em 1945; Bélgica, em 1948; Suíça, em 1971.

60 JOHNSON, 1997, p. 171.

61 O termo violência especial aqui é usado como subsumido a uma violência genérica.

62 UNODC. ***Global study on homicide: gender-related killing of women and girls.*** Viena: 2018. Disponível em: <https://www.unodc.org/documents/data-and-analysis/GSH2018/GSH18_Gender-related_killing_of_women_and_girls.pdf>.

63 *WOMEN fighting their way to the top in community radio.* **The Journalist**, 26 abr. 2017. Disponível em: <https://www.thejournalist.org.za/the-craft/women-fighting-their-way-to-the-top-in-community-radio/>.

64 LENZI, TIÉ. O que é movimento feminista? **TodaPolítica.** Direitos Humanos. Disponível em: <https://www.todapolitica.com/movimento-feminista/>.

65 WHITE & HAINES, 1996, p. 120.

66 Ibid.

67 OHCHR. ***Universal Declaration of Human Rights.*** Disponível em: <https://www.ohchr.org/EN/UDHR/Pages/Language.aspx?LangID=por>.

68 DIAS, Maria Berenice. **Lei Maria da Penha:** a efetividade da lei 11.340/2006 de combate à violência doméstica e familiar contra a mulher. 4 ed. São Paulo: Editora Revista dos Tribunais, 2015. p. 43.

69 BRASIL. Constituição da República Federativa do Brasil, de 5 de outubro de 1988, artigo 5º, inciso I.

70 Ibid., artigo 3º, inciso IV.

71 Conhecida como Convenção de Belém do Pará.

72 COMISSÃO INTERAMERICANA DE DIREITOS HUMANOS. **Convenção interamericana para prevenir, punir e erradicar a violência contra a mulher:** "Convenção de Belém do Pará". Artigo I. Belém do Pará: CIDH, 9 jun. 1994. Disponível em: <http://www.cidh.org/basicos/portugues/m.belem.do.para.htm>.

73 Ibid., artigo 2.

74 CEDAW. ***General recommendation on women's access to justice***. 23 jul. 2015. Disponível em: <https://tbinternet.ohchr.org/Treaties/CEDAW/Shared%20Documents/1_Global/CEDAW_C_GC_33_7767_E.pdf>.

75 O Brasil assinou referida Convenção em 31/03/1981 e a ratificou em 01/02/1984, porém o fez com reservas, notadamente porque não acolhia trechos a respeito da isonomia de gênero no âmbito familiar. Porém, tais reservas foram afastadas com a aprovação do Decreto Legislativo nº 26, de 22/06/1994. Em sequência, advieram: o Decreto Legislativo nº 107, de 31/08/1995, e o Decreto nº 1.973, de 01/08/1996.

76 Também denominada "cifra negra", taxa de sub-registro ou subnotificação. Refere-se aos delitos que seguem desconhecidos da Justiça Criminal.

77 SOARES, 1999, p. 129.

78 HEIDENSOHN, 1989, p. 106

79 Ibid.

80 MORLEY, Rebecca; MULLENDER, Audrey. ***Preventing domestic violence to women***. Trabalho realizado por grupo de pesquisa da polícia de Londres – série da Unidade de Prevenção a Crimes, documento 48. Londres: *Home Office Police Department*, 1994. p. 5. Disponível em: <http://sosvics.eintegra.es/Documentacion/04-Judicial/04-05-Documentos_basicos/04-05-003-EN.pdf>.

81 SOARES, Nana. Em números: a violência contra a mulher brasileira. **Estadão**, 7 set. 2017. Disponível em: <http://emais.estadao.com.br/blogs/nana-soares/em-numeros-a-mulher brasileira>.

82 WORLD HEALTH ORGANIZATION. ***Understanding and addressing violence against women***. 2012.p. 2. Disponível em: <https://apps.who.int/iris/bitstream/handle/10665/77432/WHO_RHR_12.36_eng.pdf;jsessionid=0E0DA278097DBF720D2D9373C76B5E88?sequence=1>.

83 ONU BRASIL. **CEPAL:** 2,7 mil mulheres foram vítimas de feminicídio na América latina e Caribe em 2017. 15 nov. 2018. Disponível em: <https://nacoesunidas.org/cepal-27-mil-mulheres-foram-vitimas-de-feminicidio-na-america-latina-e-caribe-em-2017/>.

84 INSTITUTO AVON. **Violência contra a mulher:** o jovem está ligado? Pesquisa. Disponível em: <http://dev-institutoavon.adttemp.com.br/uploads/media/1523997880950-pesquisa%20instituto%20avon_2014%20(jovens).pdf>.

85 MULHERES se sentem mais desrespeitadas e desprotegidas, revela pesquisa do DataSenado. **Compromisso e Atitude**, 11 ago. 2015. Disponível em: <http://www.compromissoeatitude.org.br/mulheres-se-sentem-mais-desrespeitadas-e-desprotegidas-revela-pesquisa-do-datasenado/>.

86 CHIRA, Susan; MILORD, Brianna. *'Is There a Man I Can Talk To?': stories of Sexism in the Workplace.* **NYTIMES**, 20 jun. 2017. Disponível em: <https://www.nytimes.com/2017/06/20/business/women-react-to-sexism-in-the-workplace.html>.

87 MORENO, Sayonara. Cármen Lúcia diz que machismo e preconceito sustentam violência contra mulher. **Agência Brasil**, 18 ago. 2017. Disponível em: <http://agenciabrasil.ebc.com.br/geral/noticia/2017-08/carmen-lucia-diz-que-machismo-e-preconceito-sustentam-violencia-contra-mulher>.

88 CÁRMEN Lúcia: 'Sociedade brasileira é patrimonialista, machista e muito preconceituosa'. **G1**, 26 out. 2017. Disponível em: <https://g1.globo.com/politica/noticia/carmen-lucia-sociedade-brasileira-e-patrimonialista-machista-e-muito-preconceituosa.ghtml>.

89 Ibid.

90 PRESIDENTE do STJ condena discriminação contra mulher em evento do CNJ. Artigo publicado pelo STJ. **Jusbrasil**, 2018. Disponível em: <https://stj.jusbrasil.com.br/noticias/614867175/presidente-do-stj-condena-discriminacao-contra-mulher-em-evento-do-cnj>.

91 Ibid.

92 Ibid.

93 CANÁRIO, Pedro. Promotor de Justiça de SP diz que desembargadora tem cara de empregada. **CONJUR**, 8 jan. 2017. Disponível em: <https://www.conjur.com.br/2017-jan-08/promotor-justica-sp-desembargadora-cara-empregada>.

94 REVISÃO de processo disciplinar nº 1.00758/2018-75. Referente ao voto do relator. **Migalhas.** Disponível em: <https://www.migalhas.com.br/arquivos/2019/4/art20190425-04.pdf>.

95 OLIVEIRA, Carlos. **Engenheiro se recusa a viajar em avião pilotado por mulher**. 28 maio 2012. Disponível em: <http://apatotadopitaco.blogspot.com/2012/05/engenheiro-se-recusa-a-viajar-em-aviao.html>.

96 NA BA, DODGE diz que desigualdade de gênero no MP de ser alvo de 'reflexão' e indica nome para vaga no CNJ. G1, 29 mar. 2019. Disponível em: <https://g1.globo.com/ba/bahia/noticia/2019/03/29/em-evento-na-ba-sobre-representatividade-feminina-no-mp-dodge-indica-nome-de-ivana-farina-para-vaga-no-cnj.ghtml>.

97 AMB: Violência doméstica: "É hora de discutirmos e buscarmos as melhores estratégias", diz Renata Gil. 15 maio 2020. Disponível em: <https://www.amb.com.br/?p=68983>.

98 PACHECO, Lorena; FERNANDES, Mariana. Inserção das mulheres na carreira militar é lenta e tardia. **Correio Braziliense**, 8 mar. 2018. Disponível em: <http://especiais.correiobraziliense.com.br/mulheres-na-carreira-militar>.

99 GIL, Renata. Mulheres e democracia: pela igualdade de gênero nas esferas pública e privada. Folha de S. Pão Paulo, 8 mar. 2020. Disponível em: <https://www1.folha.uol.com.br./opiniao/2020/03/mulheres-e-democracia.shtml>.

100 Ibid.

101 Ibid.

102 RUTH Bader Ginsburg: as imagens e citações mais inspiradoras da juíza americana. **BBC**, 19 set. 2020. Disponível em: <https://www.bbc.com/portuguese/internacional-54221595>.

103 WORLD ECONOMIC FORUM. **The global gender gap report 2018**. 17 dez. 2018. Disponível em: <http://www3.weforum.org/docs/WEF_GGGR_2018.pdf>.

104 ONU Mulheres é a entidade das Nações Unidas para a Igualdade de Gênero e o Empoderamento das Mulheres.

105 NÚMERO de mulheres eleitas em 2018 cresce 52,6% em relação a 2014. **TSE**, 8 mar. 2019. Disponível em: <http://www.tse.jus.br/imprensa/noticias-tse/2019/Marco/numero-de-mulheres-eleitas-em-2018-cresce-52-6-em-relacao-a-2014>.

106 IPI. ***23rd New York Seminar on Women, Peace, and Security***. Artigo referente aos números apresentados no citado seminário. 16 out. 2018. Disponível em: <https://www.ipinst.org/2018/10/23rd-new-york-seminar-on-women-peace-and-security#2>.

107 *WOMEN CEOs of the S&P 500*. **Catalyst.** Disponível em: <https://www.catalyst.org/research/women-ceos-of-the-sp-500/>.

108 FUNDAÇÃO GETULIO VARGAS. **Pesquisa da FGV aponta que mulheres ainda ocupam poucos cargos de alta direção no Brasil.** Disponível em: <https://portal.fgv.br/noticias/pesquisa-fgv-aponta-mulheres-ainda-ocupam-poucos-cargos-alta-direcao-brasil>.

109 UMA MUDANÇA estrutural nas finanças. **BlackRock.** Disponível em: <https://www.blackrock.com/br/larry-fink-ceo-letter>.

110 TAN, Amelia. *Why invest in companies that focus on inclusion and diversity?* **BlackRock.** Disponível em: <https://www.blackrock.com/uk/individual/insights/blog/investing-in-inclusion-diversity?switchLocale=y&siteEntryPassthrough=true>.

111 *BOARD diversity at BlackRock*. **BlackRock.** Disponível em: <https://ir.blackrock.com/governance/board-of-directors/Board-Diversity-at-BlackRock/>.

112 BLACKROCK cobra empresas por falta de mulheres em conselhos. Época Negócios, 7 fev. 2018. Disponível em: <https://epocanegocios.globo.com/Empresa/noticia/2018/02/blackrock-cobra-empresas-por-falta-de-mulheres-em-conselhos.html>.

113 BART, Chris; MCQUEEN, Gregory. *Why women make better directors. International Journal of Business Governance and Ethics*, v. 8, n. 1, 2013. p. 93-99. Disponível em: <https://pdfs.semanticscholar.org/a7db/04f990334daf8f0c47e587f61055b16518d0.pdf>.

114 SCHELLER, Fernando. Executiva diz que culpa é a principal inimiga da mulher que trabalha. **G1,** 6 mar. 2010. Disponível em: <http://g1.globo.com/Sites/Especiais/Noticias/0,,MUL1517252-17856,00-EXECUTIVA+DIZ+QUE+CULPA+E+A+PRINCIPAL+INIMIGA+DA+MULHER+QUE+TRABALHA.html>.

115 Ibid.

116 OLIVEIRA, Rosiska. **As mulheres, os direitos humanos e a democracia.** Disponível em: <http://www.clam.org.br/bibliotecadigital/uploads/publicacoes/1948_1643_rosiska.pdf>.

117 LAGARDE Y DE LOS RIOS, Marcela. ***Cautiverios de las mujeres:*** *madresposas, monjas, putas, presas y locas.* México: UNAN, 1993. p. 154.

118 Ibid.

119 ONU MULHERES. **Declaração e plataforma de ação da IV Conferência Mundial sobre a Mulher**. Pequim, 199. p. 162). Disponível em: <http://www.onumulheres.org.br/wp-content/uploads/2015/03/declaracao_pequim1.pdf>.

120 MENDES, Leticia. Como uma mulher espancada e esfaqueada pelo ex-marido conseguiu sobreviver à violência doméstica. **GaúchaZH**, 7 fev. 2020. Disponível em: <https://gauchazh.clicrbs.com.br/seguranca/noticia/2020/02/como-uma-mulher-espancada-e-esfaqueada-pelo-ex-marido-conseguiu-sobreviver-a-violencia-domestica-ck6cgn4r50f6201mv4y7dswq0.html>.

121 CAMPOS, Carmen. **Criminologia feminista:** teoria feminista e crítica às criminologias. Rio de Janeiro: Lumen Juris, 2017. p. 36.

122 VOLD, George; BERNARD, Tomas; SNIPES, Jeffrey. ***Theoretical criminology.*** 4 ed. New York: Oxford University Press, 1998. p. 236-237.

123 Justiça aqui como sinônimo de Judiciário, e sem se adentrar em como esse Poder e seu papel são vistos por diferentes correntes.

124 CAGNINI, Lariane. Violência doméstica: conheça histórias de mulheres que lutaram contra a morte. NSC Total, 29 fev. 2020. Disponível em: <www.nsctotal.com.br/noticias/violencia-domestica-conheca-historias-de-mulheres-que-lutaram-contra-a-morte>.

125 SOUTO, Luiza. Faça como a Luiza: Ex-modelo e empresária, que denunciou agressão do companheiro, debate violência doméstica com especialistas. **Universa.** Disponível em: <https://www.uol.com.br/universa/reportagens-especiais/debate-com-luiza-brunet/>.

126 RAMOS, Raphaela. Juliana Lohmann: "Não posso mais fazer justiça, mas há muitas mulheres que podem" **O Globo**, 24 jul. 2020. Celina. Disponível em: <https://oglobo.globo.com/celina/juliana-lohmann-nao-posso-mais-fazer-justica-mas-ha-muitas-mulheres-que-podem-24547857>.

127 ONS. ***Partner abuse in detail, England and Wales:*** *year ending March 2018.* 25 nov. 2019. Disponível em: <https://www.ons.gov.uk/peoplepopulationandcommunity/crimeandjustice/articles/partnerabuseindetailenglandandwales/yearendingmarch2018>.

128 WHO, 2012, p. 3.

129 NASCIMENTO, Milton; BRANT, Fernando. Maria, Maria. In: **Clube da Esquina 2.** Rio de Janeiro: EMI, 1978.

130 11 ANOS da Lei Maria da Penha: instituto lança relógio da violência no Brasil. **Justificando**, 7 ago. 2017. Disponível em: <http://www.justificando.com/2017/08/07/11-anos-a-lei-maria-da-penha-instituto-lanca-relogio-da-violencia-no-brasil/>.

131 ROSA, Felippe. **Sociologia do direito:** o fenômeno jurídico como fato social. 12 ed. Rio de Janeiro: Jorge Zahar, 1993. p.57.

132 COMISSÃO INTERAMERICANA DE DIREITOS HUMANOS. **Relatório anual 2000: relatório nº 54/01.** 4 abr. 2001. Disponível em: <http://www.sbdp.org.br/arquivos/material/299_Relat%20n.pdf>.

133 Ibid.

134 A denúncia à Comissão Interamericana foi formalizada pela vítima juntamente com o Centro pela Justiça pelo Direito Internacional e o Comitê Latino-Americano de Defesa dos Direitos da Mulher.

135 IMP. **O Instituto Maria da Penha.** Disponível em: <https://www.institutomariadapenha.org.br/quem-somos.html>.

136 ONU BRASIL. **A Carta das Nações Unidas**. Disponível em: <https://nacoesunidas.org/carta/>.

137 DIAS, 2015, p. 44-45.

138 Artigo 129, § 9º, do Código Penal, com redação dada pela Lei nº 11.340, de 2006.

139 BRASIL. Superior Tribunal de Justiça. Súmula 542. Disponível em: <https://scon.stj.jus.br/SCON/sumanot/toc.jsp?livre=%28sumula%20adj1%20%27542%27%29.sub.>.

140 AÇÃO penal em caso de lesão corporal contra mulher é incondicionada. **CONJUR**, 4 nov. 2017. Disponível em: <https://www.conjur.com.br/2017-nov-04/acao-penal-lesao-corporal-mulher-incondicionada>.

141 RODRIGUES, Matheus; TEIXEIRA, Patrícia. Agressões, ameaças, injúria: veja relatos de vítimas na delegacia recordista de casos de violência contra mulher no RJ. **G1**, 18 abr. 2019. Disponível em: <https://g1.globo.com/rj/rio-de-janeiro/noticia/2019/04/18/agressoes-ameacas-injuria-veja-relatos-de-vitimas-na-delegacia-recordista-de-casos-de-violencia-contra-mulher-no-rj.ghtml>.

142 BRASIL. Senado Federal. **Agressores de mulheres deverão ser reeducados, determina nova lei.** 6 abr. 2020. Disponível em: <https://www12.senado.leg.br/noticias/materias/2020/04/06/agressores-de-mulheres-deverao-ser-reeducados-determina-nova-lei>.

143 CHAVES, Elisiane M. Violência contra a mulher: um estudo sobre réus julgados no Juizado da Violência Doméstica na Comarca de Pelotas/RS (2012/2017). In: **Encontro de memórias.** Porto Alegre: ISCMPA, 2018.p. 120

144 Ibid. p. 121.

145 Inciso V incluído pela Lei nº 13.882, de 8 de outubro de 2019.

146 PICCOLI, Maria Luiza. Violência contra a mulher em Curitiba: BOs e histórias de superação compõem campanha "Vire a página". **Gazeta do Povo**, 27 mar. 2019. Disponível em: <https://www.gazetadopovo.com.br/curitiba/violencia-contra-mulher-curitiba-livro>.

147 SANCIONADA a lei que garante mais proteção às mulheres vítimas de violência. **Portal G8.com** Disponível em: <http://portalg8.com/sancionada-a-lei-que-garante-mais-protecao-as-mulheres-vitimas-de-violencia/>.

148 IRVING, Ronald. ***The Law is a Ass:*** *an illustrated anthology of legal quotations.* Londres: Duckworth, 2001. p. 52.

149 DELGADO, 2014, p. 49.

150 Ibid., p. 29.

151 Ibid., p. 53.

152 Ibid., p. 47.

153 CNJ. **Perfil Demográfico dos Magistrados Brasileiros 2018.** Brasília: 2018. p. 8. Disponível em: <http://www.cnj.jus.br/files/publicacoes/arquivo/a18da313c6fdcb6f364789672b64fcef_c948e694435a52768cbc00bda11979a3.pdf>.

154 CONSELHO NACIONAL DO MINISTÉRIO PÚBLICO. Cenários de gênero. Brasília: CNMP, 2018. p. 12. Disponível em: <http://www.cnmp.mp.br/portal/images/20180622_CEN%C3%81RIOS_DE_G%C3%8ANERO_v.FINAL_2.pdf>.

155 Não se pretende resumir a Justiça Criminal ao conjunto Magistratura, Ministério Público, Polícia Militar e Polícia Civil. Foram usados aqui dados referentes a essas instituições, mas é certo que a Justiça Criminal é mais ampla, integrada também pela Polícia Federal, presídios, advogados e defensores, bem como Forças Armadas, ainda que de forma eventual e temporária, quando são chamadas a auxiliar na segurança pública.

156 MADSON, Nina; ABREU, Masra (Orgs.). Tolerância institucional à violência contra as mulheres. Brasília: CFEMEA, 2014. p. 11.

157 BRASIL. Câmara dos Deputados. CPMI da violência contra a mulher aprova relatório com 70 recomendações. 4 jul. 2013. Disponível em: <https://www2.camara.leg.br/camaranoticias/noticias/DIREITOS-HUMANOS/446849-CPMI-DA-VIOLENCIA-CONTRA-MULHER-APROVA-RELATORIO-COM-70-RECOMENDACOES.html>.

158 Aliás, as novas modalidades de comunicação eletrônica, como toda nova tecnologia, podem ser usadas para o bem e para o mal. Podem evitar um crime, como podem ser o catalisador para que ocorra. Podem aproximar duas almas de países distantes, como podem contribuir para uma separação. A máxima "gentileza gera gentileza" parece funcionar bem, como também tem ampla funcionalidade o seu oposto, que pode ser "indelicadeza gera indelicadeza" ou "ódio gera ódio". Nesse processo de aprendizagem coletiva acerca de uma etiqueta social no uso de mídias sociais eletrônicas, há uma espécie de natural exponenciação do que é negativo, seja por toda forma de mídia, seja pelo interesse demonstrado pelo público.

159 MEZZOMO, Marcelo C. É O CPC que deve ser aplicado em casos de violência doméstica, CONJUR, 29 set. 2009. Disponível em: <https://www.conjur.com.br/2008-set-29/cpc_aplicado_casos_violencia_domestica?pagina=5>.

160 JUIZ gaúcho indefere todas as medidas preventivas previstas na Lei Maria da Penha. Referente à artigo publicado do Espaço Vital. **IBDFAM**, 30 jul. 2008. Disponível em: <http://www.ibdfam.org.br/noticias/na-midia/2564/Juiz+ga%C3%BAcho+indefere+todas+as+medidas+preventivas+previstas+na+Lei+Maria+da+Penha>.

161 SANTOS, Débora. CNJ afasta juiz que comparou Lei Maria da Penha a "regras diabólicas". **G1**, 9 nov. 2010. Disponível em: <http://g1.globo.com/brasil/noticia/2010/11/cnj-afasta-juiz-que-comparou-lei-maria-da-penha-regras-diabolicas.html>.

162 Ibid.

163 JUIZ de Goiânia nega medida protetiva porque mulher "não se dá ao respeito". Íntegra da decisão. **CONJUR**, 16 mar. 2018. Disponível em: <https://www.conjur.com.br/2018-mar-16/juiz-nega-medida-protetiva-porque-mulher-nao-respeito>.

164 Ibid.

165 JUIZ é denunciado por não aplicação da Lei Maria da Penha. Agência Patrícia Galvão. Disponível em: <https://agenciapatriciagalvao.org.br/violencia/noticias-violencia/27112010-juiz-e-denunciado-por-nao-aplicacao-da-lei-maria-da-penha/>.

166 LEI MARIA da Penha completa 10 anos. Artigo aponta que a resistência à essa Lei foi verificada pelo menos nos Tribunais de Justiça dos seguintes estados: Mato Grosso do Sul, Rio de Janeiro, Minas Gerais e Rio Grande do Sul. Migalhas, 3 ago. 2016. Disponível em: <https://www.migalhas.com.br/Quentes/ 17,MI243287,41046-Lei+Maria+da+Penha+completa+10+anos>.

167 DELGADO, 2014, p. 93.

168 BRASIL. Supremo Tribunal de Justiça. Íntegra do acórdão proferido no julgamento da Ação Direta de Inconstitucionalidade nº 4.424-DF. Brasília, 9 fev. 2012. Disponível em: <http://redir.stf.jus.br/paginadorpub/paginador.jsp?docTP=TP&docID=6393143>.

169 BRASIL. Supremo Tribunal de Justiça. Recurso Especial nº 1.477.671-DF. Ementa. Brasília, DF, 18 dez. 2014. Disponível em: <https://ww2.stj.jus.br/processo/revista/documento/mediado/?componente=ATC&sequencial=42673033&num_registro=201402155987&data=20150202&tipo=5&formato=PDF>.

170 MELLO, Adriana; PAIVA, Lívia. Lei Maria da Penha na prática. São Paulo: Thomson Reuters Brasil, 2019. p. 11.

171 MARTINS, Laiane. Rede de apoio abriga mulheres vítimas de violência doméstica em Ariquemes. **G1**, 12 set. 2013. Disponível em: <http://g1.globo.com/ro/rondonia/noticia/2013/09/rede-de-apoio-abriga-mulheres-vitimas-de-violencia-domestica-em-ariquemes.html>.

172 BRASIL. Câmara dos Deputados. Projeto de Lei nº 6.433, de 2013. Disponível em: <https://www.camara.leg.br/proposicoesWeb/prop_mostrarintegra;jsessionid=C523D00B3090004BEB3CA02090FE0E75.proposicoesWeb2?codteor=1142971&filename=PL+6433/2013>.

173 Projeto de Lei em coautoria com a deputada federal Mariana Carvalho (PSDB-RO).

174 BRASIL. Câmara dos Deputados. Projeto de Lei nº 9.691/2018, transformado no Projeto de Lei nº 2.438/2019. Disponível em: <https://www.camara.leg.br/proposicoesWeb/prop_mostrarintegra?codteor=1642481&filename=PL+2438/2019+%28N%C2%BA+Anterior:+PL+9691/2018%29>.

175 BRASIL. Câmara dos Deputados. Projeto de Lei nº 510/2019. Disponível em: <https://www.camara.leg.br/proposicoesWeb/prop_mostrarintegra?codteor=1708317&filename=PL+510/2019>.

176 BRASIL. Senado Federal. Projeto de Lei nº 17, de 2019. Disponível em: <https://www.camara.leg.br/proposicoesWeb/prop_mostrarintegra?codteor=1706798&filename=PL-17-2019>.

177 BRASIL. Senado Federal. Projeto de Lei do Senado nº 1.729, de 2019. Disponível em: <https://legis.senado.leg.br/sdleg-getter/documento?dm=7931796&ts=1594033297501&disposition=inline>.

178 BRASIL. Senado Federal. Projeto de Lei do Senado nº 3.475, de 2019. Disponível em: <https://legis.senado.leg.br/sdleg-getter/documento?dm=7964711&ts=1594034990547&disposition=inline>.

179 BRASIL. Senado Federal. Projeto de Lei do Senado nº 381, de 2018. Disponível em: <https://legis.senado.leg.br/sdleg-getter/documento?dm=7868222&ts=1594017739053&disposition=inline>.

180 Ibid.

181 BRASIL. Senado Federal. Projeto de Lei nº 2.510, de 2020. Disponível em: <http://www25.senado.leg.br/web/atividade/materias/-/materia/141880>.

182 LEI nº 6.539, de 13/04/2020. Publicada no DOE-DF em 14 abr. 2020. Legisweb. Disponível em: <http://legisweb.com.br/legislacao/?id=392931>.

183 BRASIL. Câmara dos Deputados. Propostas obrigam condomínios a denunciar casos de violência doméstica. 16 out. 2020. Disponível em: <http://www.camara.leg.br/noticias/700712-PROPOSTAS-OBRIGAM-CONDOMINIOS-A-DENUNCIAR-CASOS-DE-VIOLENCIA-DOMESTICA>.

184 MULHER sobreviveu a esfaqueamento feito por ex-marido. Jornal O Dia / Revista Isto é, 7 out. 2019. Disponível em <https://istoe.com.br/mulher-sobreviveu-a-esfaqueamento-feito-por-ex-marido/>.

185 MOURA, Viviane. Violência doméstica atinge todas as classes. TJMT. Disponível em: <https://www.tjmt.jus.br/Noticias/45345#.Xz5t5ehKiUn>.

186 Vide nota 157.

187 WAISELFISZ, Julio. Mapa da violência 2015: homicídio de mulheres no Brasil. Brasília: FLACSO, 2015. p. 70 e 73. Disponível em: <https://www.mapadaviolencia.org.br/pdf2015/MapaViolencia_2015_mulheres.pdf>.

188 Ibid., p. 27-28.

189 ATUALIZAÇÃO: enunciados da COPEVID. **Compromisso e Atitude**, 31 jan. 2019. Disponível em: <http://www.compromissoeatitude.org.br/enunciados-da-copevid-comissao-nacional-de-enfrentamento-a-violencia-domestica-e-familiar-contra-a-mulher/>. Sobre o tema, *vide*: BIANCHINI, Alice. **A qualificadora do feminicídio é de natureza objetiva ou subjetiva?** Disponível em: <https://bdjur.stj.jus.br/jspui/bitstream/2011/100621/qualificadora_feminicidio_natureza_bianchini.pdf>.

190 MELLO, 2016, p. 183.

191 Ibid.

192 RODRIGUES, Danutta. 'Vivia sob ameaça, com armas na cabeça', diz vítima de violência doméstica resgatada por ronda especializada na BA. **G1**, 30 dez. 2018. Disponível em: <https://g1.globo.com/ba/bahia/noticia/2018/12/30/vivia-sob-ameaca-com-armas-na-cabeca-diz-vitima-de-violencia-domestica-resgatada-por-ronda-especializada-na-ba.ghtml>.

193 BRASIL. Governo Federal. **Denunciar e buscar ajuda a vítimas de violência contra mulheres (Ligue 180)**. 9 abr. 2020. Disponível em: <https://www.gov.br/pt-br/servicos/denunciar-e-buscar-ajuda-a-vitimas-de-violencia-contra-mulheres>.

194 BRASIL. Governo Federal. **Balanço anual:** Ligue 180 registra 1,3 milhão de ligações em 2019. 29 maio 2020. Disponível em: <https://www.gov.br/mdh/pt-br/assuntos/noticias/2020-2/maio/balanco-anual-ligue-180-registra-1-3-milhao-de-ligacoes-em-2019>.

195 AMPERN. **Grupo Reflexivo de Homens (MPRN) figura como ponto de partida para aprovação de projeto de lei no Senado**. 7 fev. 2020. Disponível em: <http://www.ampern.org.br/grupo-reflexivo-de-homens-mprn-figura-como-ponto-de-partida-para-aprovacao-de-projeto-de-lei-no-senado>.

196 MINISTÉRIO PÚBLICO DO ESTADO DE SÃO PAULO. **Projeto Tempo de Despertar**. São Paulo: 2017. Disponível em: <http://www.mpsp.mp.br/portal/page/portal/CAO%20Tutela/Eventos/Menu_Eventos/Encontro_Campos_do_Jordao/TEMPO%20DE%20DESPERTAR%20-%20PENHA%201a.%20edicao%20-%20OK.pdf>.

197 CARTILHAS do projeto "Lá em Casa quem Manda é o Respeito" serão reproduzidas pelo Senado Federal. Artigo publicado originalmente pelo MPMT. **Jusbrasil**, 2011. Disponível em: <https://mp-mt.jusbrasil.com.br/noticias/2610974/cartilhas-do-projeto-la-em-casa-quem-manda-e-o-respeito-serao-reproduzidas-pelo-senado-federal>.

198 SOUZA, Gisele. TJES lança botão do pânico contra a violência doméstica. **CNJ**, 16 abr. 2013. Disponível em: <https://www.cnj.jus.br/tjes-lanca-botao-do-panico-contra-a-violencia-domestica/>.

199 DESEMBARGADORA Hermínia Azoury faz balanço do primeiro ano do Botão do Pânico. **Século Diário,** 3 maio 2014. Disponível em: <https://www.seculodiario.com.br/direitos/desembargadora-herminia-azoury-faz-balanco-do-primeiro-ano-do-botao-do-panico>.

200 RODRIGUES, Sandra. Botão do pânico é tecnologia aliada de mulheres vítimas de violência. **CNJ**, 24 out. 2016. Disponível em: <https://www.cnj.jus.br/botao-do-panico-e-tecnologia-aliada-de-mulheres-vitimas-de-violencia/>.

201 RODRIGUES, Matheus. Vítimas de violência doméstica aprovam botão do pânico: "Me sinto protegida", diz atriz agredida. **G1**, 13 fev. 2020. Disponível em: <http://brasilnoticia.com.br/estados/vitimas-de-violencia-domestica-aprovam-botao-do-panico-me-sinto-protegida-diz-atriz-agredida/12381>.

202 RIO GANHA mais um instrumento de combate à violência doméstica: a Patrulha Maria da Penha. **PJERJ**, 5 ago. 2019. Disponível em: <http://www.tjrj.jus.br/noticias/noticia/-/visualizar-conteudo/5111210/6587148>.

203 BRASIL. Senado Federal. Projeto de Lei do Senado nº 547, de 2015. Disponível em: <https://www25.senado.leg.br/web/atividade/materias/-/materia/122758>.

204 ROVER, Tadeu. Projeto Violeta garante rápida proteção à mulher vítima de violência. **CONJUR**, 11 maio 2015. Disponível em: <https://www.conjur.com.br/2015-mai-11/projeto-violeta-garante-protecao-mulher-vitima-violencia>.

205 PROJETO Violeta. **PJERJ**. Disponível em: <http://www.tjrj.jus.br/web/guest/observatorio-judicial-violencia-mulher/projeto-violeta/historico>.

206 PENHA, Maria da. **Entrevista:** Maria da Penha. Entrevista concedida ao IMP. Disponível em: <https://www.institutomariadapenha.org.br/entrevista-com-maria-da-penha.html>.

BIBLIOGRAFIA

11 ANOS da Lei Maria da Penha: Instituto lança relógio da violência no Brasil. Justificando, 7 ago. 2017. Disponível em: <http://www.justificando.com/2017/08/07/11-anos-da-lei-maria-da-penha-instituto-lanca-relogio-da-violencia-no-brasil/>. Acesso em: 1 abr. 2019.

AÇÃO penal em caso de lesão corporal contra mulher é incondicionada. CONJUR, 4 nov. 2017. Disponível em: <https://www.conjur.com.br/2017-nov-04/acao-penal-lesao-corporal-mulher-incondicionada>. Acesso em: 30 ago. 2020.

AGENDA 2030. <http://www.agenda2030.org.br/sobre/>. Acesso em: 1 abr. 2019.

ALVES, Francisco; JUNIOR, Freire; SILVA, Ismael. Amor de malandro. Intérprete: Francisco Alves. Rio de Janeiro: Odeon, 1929.

AMB. Violência doméstica: "É hora de discutirmos e buscarmos as melhores estratégias", diz Renata Gil. 15 maio 2020. Disponível em: <https://www.amb.com.br/?p=68983>. Acesso em: 24 jul. 2020.

AMPERN. Grupo Reflexivo de Homens (MPRN) figura como ponto de partida para aprovação de projeto de lei no Senado. 7 fev. 2020. Disponível em: <http://www.ampern.org.br/grupo-reflexivo-de-homens-mprn-figura-como-ponto-de-partida-para-aprovacao-de-projeto-de-lei-no-senado>. Acesso em: 6 ago. 2020.

ATUALIZAÇÃO: enunciados da COPEVID. Compromisso e Atitude, 31 jan. 2019. Disponível em: <http://www.compromissoeatitude.org.br/enunciados-da-copevid-comissao-nacional-de-enfrentamento-a-violencia-domestica-e-familiar-contra-a-mulher/>. Acesso em: 19 abr. 2019.

BALESTERO, Gabriela. Breves comentários acerca da violência de gênero no Brasil. Cientistas Feministas, 1 jul. 2016. Disponível em: <https://cientistasfeministas.wordpress.com/2016/07/01/breves-comentarios-acerca-da-violencia-de-genero-no-brasil/>. Acesso em: 18 abr. 2019.

BARR, Heather. *Marrying your rapist in Malaysia: men try to avoid rape charges through forced child marriage*. HRW, 26 jan. 2017. Disponível em: <https://www.hrw.org/news/2017/01/26/marrying-your-rapist-malaysia>. Acesso em: 4 ago. 2020.

BART, Chris; MCQUEEN, Gregory. *Why women make better directors. International Journal of Business Governance and Ethics*, v. 8, n. 1, 2013. p. 93-99. Disponível em: <https://pdfs.semanticscholar.org/a7db/04f990334daf8f0c47e58 7f61055b16518d0.pdf>. Acesso em: 31 jul. 2020.

BECCARIA, Cesare. Dos delitos e das penas. Disponível em: <http://www.dominiopublico.gov.br/download/texto/cv000018.pdf>. Acesso em: 30 abr. 2019.

BIANCHINI, Alice. A qualificadora do feminicídio é de natureza objetiva ou subjetiva? Disponível em: <https://bdjur.stj.jus.br/jspui/bitstream/2011/100621/qualificadora_feminicidio_natureza_bianchini.pdf>. Acesso em: 19 abr. 2019.

BLACKROCK cobra empresas por falta de mulheres em conselhos. Época Negócios, 7 fev. 2018. Disponível em: <https://epocanegocios.globo.com/Empresa/noticia/2018/02/blackrock-cobra-empresas-por-falta-de-mulheres-em-conselhos.html>. Acesso em: 31 jul. 2020.

BOARD *diversity at BlackRock. BlackRock*. Disponível em: <https://ir.blackrock.com/governance/board-of-directors/Board-Diversity-at-BlackRock/>. Acesso em: 31 jul. 2020.

BRASIL. Câmara dos Deputados. CPMI da violência contra a mulher aprova relatório com 70 recomendações. 4 jul. 2013. Disponível em: <https://www2.camara.leg.br/camaranoticias/noticias/DIREITOS-HUMANOS/446849-CPMI-DA-VIOLENCIA-CONTRA-MULHER-APROVA-RELATORIO-COM-70-RECOMENDACOES.html>. Acesso em: 19 abr. 2019.

__________. Projeto de Lei nº 6.433, de 2013. Disponível em: <https://www.camara.leg.br/proposicoesWeb/prop_mostrarintegra;jsessionid=C523D00B30 90004BEB3CA02090FE0E75.proposicoesWeb2?codteor=1142971&filename=PL+6433/2013>. Acesso em: 23 jul. 2020.

__________. Projeto de Lei nº 9.691/2018, transformado no Projeto de Lei nº 2.438/2019. Disponível em: <https://www.camara.leg.br/proposicoesWeb/prop_mostrarintegra?codteor=1642481&filename=PL+2438/2019+%28N%C2%BA+Anterior:+PL+9691/2018%29>. Acesso em: 23 jul. 2020.

__________. Projeto de Lei nº 510/2019. Disponível em: <https://www.camara.leg.br/proposicoesWeb/prop_mostrarintegra?codteor=1708317 &filename=PL+510/2019>. Acesso em: 23 jul. 2020.

__________. Propostas obrigam condomínios a denunciar casos de violência doméstica. 16 out. 2020. Disponível em: <http://www.camara.leg.br/noticias/700712-PROPOSTAS-OBRIGAM-CONDOMINIOS-A-DENUNCIAR-CASOS-DE-VIOLENCIA-DOMESTICA>. Acesso em: 16 out. 2020.

BRASIL. Código Civil de 1916. Lei nº 3.071, de 1º de janeiro de 1916.

BRASIL. Código Civil de 2002. Lei nº 10.406, de 10 de janeiro de 2002.

BRASIL. Código Criminal do Império. Lei de 16 de dezembro de 1830.

BRASIL. Código Eleitoral de 1932. Decreto nº 21.076, de 24 de fevereiro de 1932.

BRASIL. Constituição da República, de 5 de outubro de 1988.

BRASIL. Decreto nº 1.973, de 1º de agosto de 1996.

BRASIL. Decreto nº 8.086, de 30 de agosto de 2013.

BRASIL. Decreto nº 10.112, de 12 de novembro de 2019.

BRASIL. Decreto Legislativo nº 26, de 22 de junho de 1994.

BRASIL. Decreto Legislativo nº 107, de 31 de agosto de 1995.

BRASIL. Governo Federal. Balanço anual: Ligue 180 registra 1,3 milhão de ligações em 2019. 9 maio 2020. Disponível em: <https://www.gov.br/mdh/pt-br/assuntos/noticias/2020-2/maio/balanco-anual-ligue-180-registra-1-3-milhao-de-ligacoes-em-2019>. Acesso em: 4 ago. 2020.

________. Denunciar e buscar ajuda a vítimas de violência contra mulheres (Ligue 180). 9 abr. 2020. Disponível em: <https://www.gov.br/pt-br/servicos/denunciar-e-buscar-ajuda-a-vitimas-de-violencia-contra-mulheres>. Acesso em: 31 jul. 2020.

BRASIL. Estatuto da Mulher Casada. Lei º 4.121, de 27 de agosto de 1962.

BRASIL. Lei nº 10.714, de 13 de agosto de 2003.

BRASIL. Lei nº 11.340, de 7 de agosto de 2006.

BRASIL. Lei nº 13.104, de 9 de março de 2015.

BRASIL. Lei nº 13.641, de 3 de abril de 2018.

BRASIL. Lei nº 13.827, de 13 de maio de 2019.

BRASIL. Lei nº 13.871, de 17 de setembro de 2019.

BRASIL. Lei nº 13.880, de 8 de outubro de 2019.

BRASIL. Lei nº 13.882, de 8 de outubro de 2019.

BRASIL. Lei nº 13.894, de 29 de outubro de 2019.

BRASIL. Lei nº 13.984, de 3 de abril de 2020.

BRASIL. Senado Federal. Agressores de mulheres deverão ser reeducados, determina nova lei. 6 abr. 2020. Disponível em: <https://www12.senado.leg.br/noticias/materias/2020/04/06/agressores-de-mulheres-deverao-ser-reeducados-determina-nova-lei>. Acesso em: 22 jul. 2020.

________. Panorama da violência contra mulheres no Brasil: indicadores nacionais e estaduais, nº 2. Brasília, DF: 2018. p. 16. Disponível em <http://www.senado.gov.br/institucional/datasenado/omv/indicadores/relatorios/BR-2018.pdf>. Acesso em: 1 abr. 2019.

________. Projeto de Lei nº 17, de 2019. Disponível em: <https://www.camara.leg.br/proposicoesWeb/prop_mostrarintegra?codteor=1706798&filename=PL-17-2019>. Acesso em: 22 jul. 2020.

________. Projeto de Lei do Senado nº 381, de 2018. Disponível em: <https://legis.senado.leg.br/sdleg-getter/documento?dm=7868222&ts=1594017739053&disposition=inline>. Acesso em: 22 jul. 2020.

__________. Projeto de Lei do Senado nº 547, de 2015. Disponível em: <https://www25.senado.leg.br/web/atividade/materias/-/materia/122758>. Acesso em: 23 jul. 2020.

________. Projeto de Lei do Senado nº 1.729, de 2019. Disponível em: <https://legis.senado.leg.br/sdleg-getter/documento?dm=7931796&ts=1594033297501&disposition=inline>. Acesso em: 22 jul. 2020.

________. Projeto de Lei nº 2.510, de 2020. Disponível em: <http://www25.senado.leg.br/web/atividade/materias/-/materia/141880>. Acesso em: 16 out. 2020.

________. Projeto de Lei do Senado nº 3.475, de 2019. Disponível em: <https://legis.senado.leg.br/sdleg-getter/documento?dm=7964711&ts=1594034990547&disposition=inline>. Acesso em: 22 jul. 2020.

BRASIL. Superior Tribunal de Justiça. Recurso Especial nº 1.477.671-DF. Ementa. Brasília, DF. 18 dez. 2014. Disponível em: <https://ww2.stj.jus.br/processo/revista/documento/mediado/?componente=ATC&sequencial=42673033&num_registro=201402155987&data=20150202&tipo=5&formato=PDF>. Acesso em: 21 jul. 2020.

________. Súmula 542. Disponível em: <https://scon.stj.jus.br/SCON/sumanot/toc.jsp?livre=%28sumula%20adj1%20%27542%27%29.sub >. Acesso em: 30 ago. 2020.

BRASIL. Supremo Tribunal Federal. Íntegra do acórdão proferido no julgamento da Ação Direta de Inconstitucionalidade nº 4.424-DF. Brasília, 9 fev. 2012. Disponível em: <http://redir.stf.jus.br/paginadorpub/paginador.jsp?docTP=TP&docID=6393143>. Acesso em: 1 abr. 2019.

CAGNINI, Lariane. Violência doméstica: conheça histórias de mulheres que lutar. NSC Total, 29 fev. 2020. Disponível em: <https://www.nsctotal.com.br/noticias/violencia-domestica-conheca-historias-de-mulheres-que-lutaram-contra-a-morte>. Acesso em: 22 ago. 2020.

CAMPOS, Carmen. **Criminologia Feminista**: teoria feminista e crítica às criminologias. Rio de Janeiro: Lumen Juris, 2017. p. 36.

CANÁRIO, Pedro. Promotor de Justiça de SP diz que desembargadora tem cara de empregada. CONJUR, 8 jan. 2017. Disponível em: <https://www.conjur.com.br/2017-jan-08/promotor-justica-sp-desembargadora-cara-empregada>. Acesso em: 26 abr. 2019.

CARD, Claudia. *The paradox of genocidal rape aimed at enforced pregnancy.* ***The Southern Journal of Philosophy***, Primavera 2008. Tennessee, 2008. v. XLVI. p. 176.

CÁRMEN Lúcia: "Sociedade brasileira é patrimonialista, machista e muito preconceituosa"' **G1**, 26 out. 2017. Disponível em: <https://g1.globo.com/politica/noticia/carmen-lucia-sociedade-brasileira-e-patrimonialista-machista-e-muito-preconceituosa.ghtml>. Acesso em: 21 abr. 2019.

CARTILHAS do projeto "Lá em Casa quem Manda é o Respeito" serão reproduzidas pelo Senado Federal. Artigo publicado originalmente pelo MPMT. **Jusbrasil**, 2011. Disponível em: <https://mp-mt.jusbrasil.com.br/noticias/2610974/cartilhas-do-projeto-la-em-casa-quem-manda-e-o-respeito-serao-reproduzidas-pelo-senado-federal>. Acesso em: 6 ago. 2020.

CASTAÑA, Cacho. ***Si te agarro com outro te mato***. Argentina: Polydor, 1975.

CEDAW. ***General recommendation on women's access to justice.*** 23 jul. 2015. Disponível em: <https://tbinternet.ohchr.org/Treaties/CEDAW/Shared%20Documents/1_Global/CEDAW_C_GC_33_7767_E.pdf>. Acesso em: 16 jul. 2020.

CENTER FOR HUMAN RIGHTS IN IRAN. ***Women's education.*** 23 fev. 2015. Disponível em: <https://www.iranhumanrights.org/2015/02/womenreport-womens-education/>. Acesso em: 3 ago. 2020.

CHAVES, Elisiane M. Violência contra a mulher: um estudo sobre réus julgados no Juizado da Violência Doméstica na Comarca de Pelotas/RS (2012/2017). In: **Encontro de memórias**. Porto Alegre: ISCMPA, 2018. p. 120.

CHIRA, Susan; MILORD, Brianna. *'Is there a man I can talk to?': stories of sexism in the workplace.* **NYTIMES**, 20 jun. 2017. *Business.* Disponível em: <https://www.nytimes.com/2017/06/20/business/women-react-to-sexism-in-the-workplace.html>. Acesso em: 31 jul. 2020.

CNJ. **Perfil demográfico dos magistrados brasileiros 2018.** Brasília: 2018. p. 8. Disponível em: <http://www.cnj.jus.br/files/publicacoes/arquivo/a18da313c-6fdcb6f364789672b64fcef_c948e694435a52768cbc00bda11979a3.pdf>. Acesso em: 20 abr. 2019.

CÓDIGO Penal da Nigéria, Região Norte, Sessão 55 (1) (d). ***Equality Now***. Disponível em: <https://www.equalitynow.org/northern_nigeria_the_penal_code>. Acesso em 6 maio 2019.

COMISSÃO INTERAMERICANA DE DIREITOS HUMANOS. **Convenção interamericana para prevenir, punir e erradicar a violência contra a mulher:** "Convenção de Belém do Pará". Belém do Pará: CIDH, 9 jun. 1994. Disponível em: <http://www.cidh.org/basicos/portugues/m.belem.do.para.htm>. Acesso em: 1 abr. 2019.

________. **Relatório anual 2000:** relatório nº 54/01. 4 abr. 2001. Disponível em: <http://www.sbdp.org.br/arquivos/material/299_Relat%20n.pdf>. Acesso em: 1 abr. 2019.

CONSELHO NACIONAL DO MINISTÉRIO PÚBLICO. **Cenários de gênero**. Brasília: CNMP, 2018. p. 12. Disponível em: <http://www.cnmp.mp.br/portal/images/20180622_CEN%C3%81RIOS_DE_G%C3%8ANERO_v.FINAL_2.pdf>. Acesso em: 20 abr. 2019.

CORTÊZ, Natacha. Consciência política. **Portal Geledés**, 14 jun. 2014. Disponível em: <https://www.geledes.org.br/consciencia-politica/>. Acesso em: 19 ago. 2020.

DAHIR, Abdi. *Chimamanda Adichie has 15 suggestions for how to raise a feminist child.* **Quartz Africa**, 15 out. 2016. Disponível em: <https://qz.com/africa/809813/chimamanda-adichie-has-15-suggestions-for-how-to-raise-a-feminist-child/>. Acesso em: 6 ago. 2020.

DAMATTA, Roberto. **Relativizando:** uma introdução à antropologia social. Rio de Janeiro: Rocco, 1987.

DELGADO, Camila. **O androcentrismo nas práticas judiciárias:** uma etnografia nas varas e juizados de violência doméstica do Distrito Federal. 2014. Projeto institucional de iniciação científica - Centro Universitário do Distrito Federal (UDF). Brasília: UDF, 2014. Disponível em: <https://pt.scribd.com/document/328849910/O-ANDROCENTRISMO-NAS-PRATICAS-JUDICIARIAS>. Acesso: 1 abr. 2019.

DESEMBARGADORA Hermínia Azoury faz balanço do primeiro ano do Botão do Pânico. **Século Diário**, 3 maio 2014. Disponível em: <https://www.seculodiario.com.br/direitos/desembargadora-herminia-azoury-faz-balanco-do-primeiro-ano-do-botao-do-panico>. Acesso em: 23 jul. 2020.

DIAS, Maria Berenice. **Lei Maria da Penha:** a efetividade da lei 11.340/2006 de combate à violência doméstica e familiar contra a mulher. 4 ed. São Paulo: Editora Revista dos Tribunais, 2015.

FREITAS, Lúcia; PINHEIRO, Veralúcia. **Violência de gênero, linguagem e direito:** análise de discurso, crítica em processos na Lei Maria da Penha. Jundiaí: Paço Editorial, 2013.

FRIEDMANN, Sarah. *13 Shocking sexist laws that exist in 2018 (if you can believe it).* **Bustle**, 24 jan. 2018 Disponível em: <https://www.bustle.com/p/13-shocking-sexist-laws-that-exist-in-2018-if-you-can-believe-it-7985945>. Acesso em: 6 maio 2019.

FUNDAÇÃO GETULIO VARGAS. **Pesquisa da FGV aponta que mulheres ainda ocupam poucos cargos de alta direção no Brasil**. Disponível em: <https://portal.fgv.br/noticias/pesquisa-fgv-aponta-mulheres-ainda-ocupam-poucos-cargos-alta-direcao-brasil>. Acesso em: 6 ago. 2019.

GIL, Renata. Mulheres e democracia. Pela igualdade de gênero nas esferas pública e privada. **Folha de S. Paulo**, 8 mar. 2020. Opinião. Disponível em: <https://www1.folha.uol.com.br./opiniao/2020/03/mulheres-e-democracia.shtml>. Acesso em: 24 jul. 2020.

GOLDMANN, Lucien. **Ciências humanas e filosofia**. 12 ed. Rio de Janeiro: Editora Bertrand, 1993.

HEIDENSOHN, Francis. ***Crime and society***. Londres: Macmillan Press, 1989.

HEILBORN, Maria. Gênero, sexualidade e saúde. In: **Saúde, sexualidade e reprodução** – compartilhando responsabilidades. Rio de Janeiro: Editora da UERJ, 1997, p. 101-110. Disponível em: <https://cursosextensao.usp.br/pluginfile.php/48783/mod_resource/content/0/HEILBORN.%20G%C3%AAnero%2C%20sexualidade%20e%20sa%C3%BAde..pdf>. Acesso em: 9 ago.2020.

HILL, W. E. ***An anti-suffrage viewpoint***. Charge. Nova Iorque: Puck Publishing Corporation. Disponível na *Library of Congress,* em: <www.loc.gov/item/2011660531/>. Acesso em: 4 ago. 2020.

HUMAN RIGHTS WATCH. ***Boxed in:*** *women and Saudi Arabia's male guardianship System.* 16 jul. 2016. Disponível em: < https://www.hrw.org/report/2016/07/16/boxed/women-and-saudi-arabias-male-guardianship-system>. Acesso em: 4 ago. 2020.

________. ***Leave no girl behind in Africa:*** *discrimination in education against pregnant girls and adolescent mothers.* 14 jun. 2018. Disponível em: <https://www.hrw.org/report/2018/06/14/leave-no-girl-behind-africa/discrimination--education-against-pregnant-girls-and>. Acesso em: 3 ago. 2020.

IMP. **O Instituto Maria da Penha.** Disponível em: <https://www.institutomariadapenha.org.br/quem-somos.html>. Acesso em: 1 abr. 2019.

INSTITUTO AVON. **Violência contra a mulher:** o jovem está ligado? Pesquisa Disponível em: <http://dev-institutoavon.adttemp.com.br/uploads/media/1523997880950-pesquisa%20instituto%20avon_2014%20(jovens).pdf>. Acesso em: 10 ago. 2020.

IPI. ***23rd NEW YORK Seminar on Women, Peace, and Security.*** Artigo referente às informações apresentadas no citado seminário. 16 out. 2018. Disponível em: <https://www.ipinst.org/2018/10/23rd-new-york-seminar-on-women-peace-and-security#2>. Acesso em: 15 abr. 2019.

IRVING, Ronald. ***The Law is a ass:*** *an illustrated anthology of legal quotations.* Londres: Duckworth, 2001. p. 52.

JOBIM, Tom; MORAES, Vinicius de. **Eu sei que vou te amar.** Rio de Janeiro: Odeon, 1959.

JOHNSON, Allan. **Dicionário de sociologia:** guia prático da linguagem sociológica. Rio de Janeiro: Jorge Zahar, 1997.

JUIZ de Goiânia nega medida protetiva porque mulher "não se dá ao respeito". Íntegra da decisão. **CONJUR**, 16 mar. 2018. Disponível em: <https://www.conjur.com.br/2018-mar-16/juiz-nega-medida-protetiva-porque-mulher-nao-respeito>. Acesso em: 15 abr. 2019.

JUIZ é denunciado por não aplicação da Lei Maria da Penha. Faz referência a matérias originalmente publicadas nos jornais Bom dia e O Vale. **Agência Patrícia Galvão**, 27 nov. 2010. Disponível em: <https://agenciapatriciagalvao.org.br/violencia/noticias-violencia/27112010-juiz-e-denunciado-por-nao-aplicacao-da-lei-maria-da-penha/>. Acesso em: 14 abr. 2019.

JUIZ gaúcho indefere todas as medidas preventivas previstas na Lei Maria da Penha. Referente à artigo publicado em Espaço Vital. Fonte: Espaço Vital. **IBDFAM**, 30 jul. 2008. Disponível em: <http://www.ibdfam.org.br/noticias/na-midia/2564/Juiz+ga%C3%BAcho+indefere+todas+as+medidas+preventivas+previstas+na+Lei+Maria+da+Penha>. Acesso em: 14 abr. 2019.

LAGARDE Y DE LOS RIOS, Marcela. ***Cautiverios de las mujeres:*** *madresposas, monjas, putas, presas y locas*. México: UNAM, 1993.

LEI MARIA da Penha completa 10 anos. Artigo aponta que a resistência à essa lei foi verificada pelo menos nos Tribunais de Justiça dos seguintes estados: Mato Grosso do Sul, Rio de Janeiro, Minas Gerais e Rio Grande do Sul. **Migalhas**, 3 ago. 2016. Disponível em: <https://www.migalhas.com.br/Quentes/17,MI243287,41046-Lei+Maria+da+Penha+completa+10+anos>. Acesso em: 1 abr. 2019.

LEI nº 6.539, de 13/04/2020. Publicada no DOE-DF em 14 abr. 2020. Legisweb. Disponível em: <http://legisweb.com.br/legislacao/?id=392931>. Acesso em: 16 out. 2020.

LEITÃO, Eliane. **A mulher na língua do povo**. Rio de Janeiro: Edições Achiamé, 1981.

LEITE, Carlos W. 30 frases clássicas sobre as mulheres. **Revista Bula.** Disponível em: <https://www.revistabula.com/160-30-frases-classicas-sobre-as-mulheres/>. Acesso em: 18 abr. 2019.

LENZI, Tié. O que é movimento feminista? **TodaPolítica.** *Direitos Humanos.* Disponível em: <https://www.todapolitica.com/movimento-feminista/>. Acesso em: 15 abr. 2019.

MADSON, Nina; ABREU, Masra (Orgs.). **Tolerância institucional à violência contra as mulheres.** Brasília: CFEMEA, 2014.

MALAYSIA MP: 'Ok for rape victims to marry their rapists'. **BBC**, 5 abr. 2017. Disponível em: <https://www.bbc.com/news/world-asia-39499546>. Acesso em: 4 ago. 2020.

MARTINS, Laiane. Rede de apoio abriga mulheres vítimas de violência doméstica em Ariquemes. **G1**, 12 set. 2013. Disponível em: <http://g1.globo.com/ro/rondonia/noticia/2013/09/rede-de-apoio-abriga-mulheres-vitimas-de-violencia-domestica-em-ariquemes.html>. Acesso em: 4 ago. 2020.

MELLO, Adriana. **Feminicídio:** uma análise sociojurídica da violência contra a mulher no Brasil. Rio de Janeiro: LMJ Mundo Jurídico, 2016.

MELLO, Adriana; PAIVA, Lívia, **Lei Maria da Penha na prática.** São Paulo: Thomson Reuters Brasil, 2019.

MENDES, Leticia. Como uma mulher espancada e esfaqueada pelo ex-marido conseguiu sobreviver à violência doméstica. **GaúchaZH**, 7 fev. 2020. <https://gauchazh.clicrbs.com.br/seguranca/noticia/2020/02/como-uma-mulher-espancada-e-esfaqueada-pelo-ex-marido-conseguiu-sobreviver-a-violencia-domestica-ck6cgn4r50f6201mv4y7dswq0.html>. Acesso em: 30 jul. 2020.

MEZZOMO, Marcelo C. É O CPC que deve ser aplicado em casos de violência doméstica. **CONJUR**, 29 set. 2008. Disponível em: <https://www.conjur.com.br/2008-set-29/cpc_aplicado_casos_violencia_ domestica?pagina=5>. Acesso em: 14 abr. 2019.

MINISTÉRIO DAS RELAÇÕES EXTERIORES (BRASIL). Consulado-Geral do Brasil em Miami. Disponível em: <http://miami.itamaraty.gov.br/pt-br/trafico_de_pessoas.xml>. Acesso em: 18 ago. 2020.

MINISTÉRIO PÚBLICO DO ESTADO DE SÃO PAULO. **Projeto Tempo de Despertar**. São Paulo: MPSP, 2017. Disponível em: <http://www.mpsp.mp.br/portal/page/portal/CAO%20Tutela/Eventos/Menu_Eventos/Encontro_Campos_do_Jordao/TEMPO%20DE%20DESPERTAR%20-%20PENHA%201a.%20edicao%20-%20OK.pdf>. Acesso em: 6 ago. 2020.

MORENO, Sayonara. Cármen Lúcia diz que machismo e preconceito sustentam violência contra mulher. **Agência Brasil**, 18 ago. 2017. Disponível em: <http://agenciabrasil.ebc.com.br/geral/noticia/2017-08/carmen-lucia-diz-que-machismo-e-preconceito-sustentam-violencia-contra-mulher>. Acesso em: 19 abr. 2019.

MORLEY, Rebecca; MULLENDER, Audrey. ***Preventing domestic violence to women.*** Trabalho realizado por grupo de pesquisa da polícia de Londres – série da Unidade de Prevenção a Crimes, documento 48. Londres: Home Office Police Department, 1994. p. 5. Disponível em: <http://sosvics.eintegra.es/Documentacion/04-Judicial/04-05-Documentos_basicos/04-05-003-EN.pdf>. Acesso em: 27 abr. 2019.

MORROCO amends controversial rape marriage law. **BBC,** 23 jan. 2014. Disponível em: <https://www.bbc.com/news/world-africa-25855025>. Acesso em: 4 ago. 2020.

MOURA, Viviane. Violência doméstica atinge todas as classes. **TJMT**. Disponível em: <https://www.tjmt.jus.br/Noticias/45345#.Xz5t5ehKiUn>. Acesso em: 19 ago. 2020.

MULHER sobreviveu a esfaqueamento feito por ex-marido. Jornal O Dia / Revista Isto é, 7 out. 2019. Disponível em <https://istoe.com.br/mulher-sobreviveu-a-esfaqueamento-feito-por-ex-marido/>. Acesso em: 31 jul. 2020.

MULHERES se sentem mais desrespeitadas e desprotegidas, revela pesquisa do DataSenado. **Compromisso e Atitude,** 11 ago. 2015. Disponível em: <http://www.compromissoeatitude.org.br/mulheres-se-sentem-mais-desrespeitadas-e-desprotegidas-revela-pesquisa-do-datasenado/>. Acesso em: 10 ago. 2020.

NA BA, DODGE diz que desigualdade de gênero no MP de ser alvo de 'reflexão' e indica nome para vaga no CNJ. **G1**, 29 mar. 2019. Disponível em: <https://g1.globo.com/ba/bahia/noticia/2019/03/29/em-evento-na-ba-sobre-representatividade-feminina-no-mp-dodge-indica-nome-de-ivana-farina-para-vaga-no-cnj.ghtml>. Acesso em: 21 abr. 2019.

NALDINHO, MC; DJ, Dennis. **Só um tapinha**. Intérpretes: MC Naldinho e MC Bella. Rio de Janeiro: Furacão 2000, 2000.

NASCIMENTO, Milton; BRANT, Fernando. Maria, Maria. Intérprete: Milton Nascimento. In: **Clube da Esquina 2**. Rio de Janeiro: EMI, 1978.

NIGERIA police raid Lagos 'baby factory'. **BBC**, 30 set. 2019. Disponível em: <https://www.bbc.com/news/world-africa-49877287>. Acesso em: 6 ago. 2020.

NORONHA, Heloísa. Nelson Rodrigues dizia que mulher normal gosta de apanhar: faz sentido? **Universa,** 21 dez. 2018. Disponível em: <https://universa.uol.com.br/noticias/redacao/2018/12/21/frase-de-nelson-rodrigues-sobre-mulheres-gostarem-de-apanhar-faz-sentido.htm>. Acesso em: 18 abr. 2019.

NÚMERO de mulheres eleitas em 2018 cresce 52,6% em relação a 2014. **TSE**, 8 mar. 2019. Disponível em: <http://www.tse.jus.br/imprensa/noticias-tse/2019/Marco/numero-de-mulheres-eleitas-em-2018-cresce-52-6-em-relacao-a-2014>. Acesso em: 17 abr. 2019.

OHCHR. ***Universal Declaration of Human Rights.*** Declaração Universal dos Direitos Humanos, adotada e proclamada pelas Nações Unidas em 10 de dezembro de 1948. Disponível em: <https://www.ohchr.org/EN/UDHR/Pages/Language.aspx?LangID=por>. Acesso em: 30 abr. 2019.

OLIVEIRA, Carlos. **Engenheiro se recusa a viajar em avião pilotado por mulher**. 28 maio 2012. Disponível em: <http://apatotadopitaco.blogspot.com/2012/05/engenheiro-se-recusa-a-viajar-em-aviao.html>. Acesso em: 13 ago. 2020.

OLIVEIRA, Rosiska. **As mulheres, os direitos humanos e a democracia.** Disponível em: <http://www.clam.org.br/bibliotecadigital/uploads/publicacoes/1948_1643_rosiska.pdf>. Acesso em: 14 ago. 2020.

ONS. ***Partner abuse in detail, England and Wales:*** *year ending March 2018.* Censo Criminal da Inglaterra e Gales, considerando o ano terminando em março de 2018. 25 nov. 2019. Disponível em: <https://www.ons.gov.uk/peoplepopulationandcommunity/crimeandjustice/articles/partnerabuseindetailenglandandwales/yearendingmarch2018>. Acesso em: 21 jul. 2020.

ONU. ***Deputy secretary-general remarks at End Violence Solutions [as prepared for delivery].*** Trecho do discurso do Secretário-Geral da ONU no *End Violence Solutions Summit*, em Estocolmo, na Suécia. 14 fev. 2018. Disponível em: <https://www.un.org/sg/en/content/dsg/statement/2018-02-14/deputy-secretary-general-remarks-end-violence-solutions-summit>. Acesso em: 1 abr. 2019.

________. ***Report:*** *majority of trafficking victims are women and girls; one-third children.* Disponível em: <https://www.un.org/sustainabledevelopment/blog/2016/12/report-majority-of-trafficking-victims-are-women-and-girls-one-third-children/>. Acesso em: 6 maio 2019.

ONU Brasil. **A Carta das Nações Unidas.** Artigo sobre a Carta da ONU, assinada em 26 de junho de 1945 e promulgada no Brasil pelo Decreto nº 19.841, de 22 outubro de 1946. Disponível em: < https://nacoesunidas.org/carta/>. Acesso em: 21 jul. 2020.

________. **CEPAL:** 2,7 mil mulheres foram vítimas de feminicídio na América Latina e Caribe em 2017. 15 nov. 2018. Disponível em: <https://nacoesunidas.org/cepal-27-mil-mulheres-foram-vitimas-de-feminicidio-na-america-latina-e-caribe-em-2017/>. Acesso em: 15 abr. 2019.

ONU MULHERES. **Declaração e plataforma de ação da IV Conferência Mundial sobre a Mulher.** Pequim: 1995. p. 162. Disponível em: <http://www.onumulheres.org.br/wp-content/uploads/2015/03/declaracao_pequim1.pdf>. Acesso em: 15 abr. 2019.

ORDENAÇÕES Filipinas ou Código Filipino. Transcrições na íntegra. **Universidade de Coimbra**. Disponível em: <http://www1.ci.uc.pt/ihti/proj/filipinas/ordenacoes.htm>. Acesso em: 21 jul. 2020.

PACHECO, Lorena; FERNANDES, Mariana. Inserção das mulheres na carreira militar é lenta e tardia. **Correio Braziliense**, 8 mar. 2018. Disponível em: <http://especiais.correiobraziliense.com.br/mulheres-na-carreira-militar>. Acesso em: 13 ago. 2020.

PASTOR, Reyna. *Alain Boureau le droit de cuissage. La fabrication d'un mythe XIlle.-XXe. siècle, Albin Michel, devolution de l'humonite,* Paris, 1995. **La Aljaba – Segunda Época**, v. VII, p. 214-217, 2002. Resenãs. Disponível em: < http://www.biblioteca.unlpam.edu.ar/pubpdf/aljaba/n07a09boureau.pdf>. Acesso em: 21 jul. 2020.

PENHA, Maria da. **Entrevista:** Maria da Penha. Entrevista concedida ao IMP. Disponível em: <https://www.institutomariadapenha.org.br/entrevista-com-maria-da-penha.html>. Acesso em: 4 ago. 2020.

PICCOLI, Maria Luiza. Violência contra a mulher em Curitiba: BOs e histórias de superação compõem campanha "Vire a página". **Gazeta do Povo**, 27 mar. 2019. Disponível em: <https://www.gazetadopovo.com.br/curitiba/violencia-contra-mulher-curitiba-livro>. Acesso em: 19 ago. 2020.

PLAN INTERNATIONAL. **Tirando o véu** – estudo sobre casamento infantil no Brasil. 25 jun. 2019. Disponível em: <https://plan.org.br/https-plan-org-br-wp-content-uploads-2019-07-tirando-o-veu-estudo-casamento-infantil-no-brasil-plan-international-pdf/>. Acesso em: 24 set. 2020.

PRAZERES, Heitor dos. **Mulher de malandro.** Intérprete: Francisco Alves. Rio de Janeiro: Odeon, 1931.

PRESIDENTE do STJ condena discriminação contra mulher em evento do CNJ. Artigo publicado pelo STJ. **Jusbrasil**, 2018. Disponível em: <https://stj.jusbrasil.com.br/noticias/614867175/presidente-do-stj-condena-discriminacao-contra-mulher-em-evento-do-cnj>. Acesso em: 24 jul. 2020.

PROJETO Violeta. **PJERJ**. Disponível em: <http://www.tjrj.jus.br/web/guest/observatorio-judicial-violencia-mulher/projeto-violeta/historico>. Acesso em: 24 set. 2020.

RAMOS, Raphaela. Juliana Lohmann: 'Não posso mais fazer justiça, mas há muitas mulheres que podem'. **O Globo**, 24 jul. 2020. Celina. Disponível em: <https://oglobo.globo.com/celina/juliana-lohmann-nao-posso-mais-fazer-justica-mas-ha-muitas-mulheres-que-podem-24547857>. Acesso em: 30 jul. 2020.

REVISÃO de processo disciplinar nº 1.00758/2018-75. Referente ao voto do relator. **Migalhas.** Disponível em: <https://www.migalhas.com.br/arquivos/2019/4/art20190425-04.pdf>. Acesso em: 26 abr. 2019.

RIO GANHA mais um instrumento de combate à violência doméstica: a Patrulha Maria da Penha. **PJERJ**, 5 ago. 2019. Disponível em: <http://www.tjrj.jus.br/noticias/noticia/-/visualizar-conteudo/5111210/6587148>. Acesso em: 23 jul. 2020.

RODRIGUES, Danutta. "Vivia sob ameaça, com armas na cabeça", diz vítima de violência doméstica resgatada por ronda especializada na BA. **G1**, 30 dez. 2018. Disponível em: <https://g1.globo.com/ba/bahia/noticia/2018/12/30/vivia-sob-ameaca-com-armas-na-cabeca-diz-vitima-de-violencia-domestica-resgatada-por-ronda-especializada-na-ba.ghtml>. Acesso em: 4 ago. 2020.

RODRIGUES, Matheus. Vítimas de violência doméstica aprovam botão do pânico: "Me sinto protegida", diz atriz agredida. **G1**, 13 fev. 2020. Disponível em: <http://brasilnoticia.com.br/estados/vitimas-de-violencia-domestica-aprovam-botao-do-panico-me-sinto-protegida-diz-atriz-agredida/12381>. Acesso em: 23 jul. 2020.

RODRIGUES, Matheus; TEIXEIRA, Patrícia. Agressões, ameaças, injúria: veja relatos de vítimas na delegacia recordista de casos de violência contra mulher no RJ. **G1**, 18 abr. 2019. Disponível em: <https://g1.globo.com/rj/rio-de-janeiro/noticia/2019/04/18/agressoes-ameacas-injuria-veja-relatos-de-vitimas-na-delegacia-recordista-de-casos-de-violencia-contra-mulher-no-rj.ghtml>. Acesso em: 4 ago. 2020.

RODRIGUES, Sandra. Botão do pânico é tecnologia aliada de mulheres vítimas de violência. **CNJ**, 24 out. 2016. Disponível em: <https://www.cnj.jus.br/botao-do-panico-e-tecnologia-aliada-de-mulheres-vitimas-de-violencia/>. Acesso em: 23 jul. 2020.

ROSA, Felippe. **Sociologia do direito:** o fenômeno jurídico como fato social. 12 ed. Rio de Janeiro: Jorge Zahar, 1993. p. 57.

ROSA, Noel; ALVES, Francisco. **Nem com uma flor**. Rio de Janeiro: Odeon, 1933.

ROVER, Tadeu. Projeto Violeta garante rápida proteção à mulher vítima de violência. **CONJUR**, 11 maio 2015. Disponível em: <https://www.conjur.com.br/2015-mai-11/projeto-violeta-garante-protecao-mulher-vitima-violencia>. Acesso em: 24 set. 2020.

RUTH Bader Ginsburg: as imagens e citações mais inspiradoras da juíza americana. **BBC**, 19 set. 2020. Disponível em: <https://www.bbc.com/portuguese/internacional-54221595>. Acesso em: 24 set. 2020.

SAI, Nancy. *Conflict profile: Rwanda.* **Women's Media Center**, 8 fev. 2012. Disponível em: <https://www.womensmediacenter.com/women-under-siege/conflicts/rwanda>. Acesso em: 8 ago. 2020.

SANCIONADA a lei que garante mais proteção às mulheres vítimas de violência. **Portal G8.com.** Disponível em: <http://portalg8.com/sancionada-a-lei-que-garante-mais-protecao-as-mulheres-vitimas-de-violencia/>. Acesso em: 22 jul. 2020.

SANTOS, Débora. CNJ afasta juiz que comparou Lei Maria da Penha a "regras diabólicas". **G1**, 9 nov. 2010. Disponível em: <http://g1.globo.com/brasil/noticia/2010/11/cnj-afasta-juiz-que-comparou-lei-maria-da-penha-regras-diabolicas.html>. Acesso em: 14 abr. 2019.

SÃO PAULO (Estado). Lei estadual nº 17.260, de 30 de março de 2020. Disponível em: <https://www.al.sp.gov.br/repositorio/legislacao/lei/2020/lei-17260-30.03.2020.html>.

SAUDI Arabia issues first driving licences to women. **BBC**, 5 jun. 2018. Disponível em: <https://www.bbc.com/news/world-middle-east-44367981>. Acesso em: 6 mai. 2019.

SCHELLER, Fernando. Executiva diz que culpa é a principal inimiga da mulher que trabalha. **G1**, 6 mar. 2010. Disponível em: <http://g1.globo.com/Sites/Especiais/Noticias/0,,MUL1517252-17856,00-EXECUTIVA+DIZ+QUE+CULPA+E+A+PRINCIPAL+INIMIGA+DA+MULHER+QUE+TRABALHA.html>. Acesso em: 31 jul. 2020.

SHAKESPEARE, William. **Otelo, o mouro de Veneza.** Disponível em: <https://docs.google.com/viewer?a=v&pid=sites&srcid=ZGVmYXVsdGRvbWFpbnxtcm1lcmFyaXxneDozYjhjYzQ4NjExMjlhOTI1>. Acesso em: 4 ago. 2020.

SOARES, Barbara. **Mulheres invisíveis:** violência conjugal e novas políticas de segurança. Rio de Janeiro: Civilização Brasileira, 1999.

SOARES, Nana. Em números: a violência contra a mulher brasileira. **Estadão**, 7 set. 2017. Disponível em: <http://emais.estadao.com.br/blogs/nana-soares/em-numeros-a-mulher brasileira>. Acesso em: 1 abr. 2019.

SOUTO, Luiza. Faça como a Luiza: ex-modelo e empresária, que denunciou agressão do companheiro, debate violência doméstica com especialistas. **Universa.** Disponível em: <https://www.uol.com.br/universa/reportagens-especiais/debate-com-luiza-brunet/>. Acesso em: 30 jul. 2020.

SOUZA, Gisele. TJES lança botão do pânico contra a violência doméstica. **CNJ**, 16 abr. 2013. Disponível em: <https://www.cnj.jus.br/tjes-lanca-botao-do-panico-contra-a-violencia-domestica/>. Acesso em: 23 jul. 2020.

SPRUILL, Marjorie; WHEELER, Jesse. *Mississipi women and the woman suffrage amendment.* **Mississipi History Now.** Disponível em: <http://www.mshistorynow.mdah.ms.gov/articles/245/mississippi-women-and-the-woman-suffrage-amendment>. Acesso em: 4 ago. 2020.

STOPVAW. ***Prevalence of trafficking in women.*** jul. 2015. Disponível em: <https://www.stopvaw.org/How_Common_Is_Trafficking_in_Women>. Acesso em: 5 ago. 2020.

________. ***Bride kidnapping.*** jul. 2019. Disponível em: <https://www.stopvaw.org/bride_kidnapping>. Acesso em: 5 ago. 2020.

TAKSEVA, Tatjana. *Genocidal rape, enforced impregnation, and the discourse of Serbian National Identity.* **CLCWeb – Comparative Literature and Culture**, 1 set. 2015. Disponível em: <https://www.researchgate.net/publication/303730515_Genocidal_Rape_Enforced_Impregnation_and_the_Discourse_of_Serbian_National_Identity>. Acesso em: 6 ago. 2020.

TAN, Amelia. *Why invest in companies that focus on inclusion and diversity?* **BlackRock.** Disponível em: <https://www.blackrock.com/uk/individual/insights/blog/investing-in-inclusion-diversity?switchLocale=y&siteEntryPassthrough=true>. Acesso em: 31 jul. 2020.

THIS BARBARIC 'bride kidnappind' practice still exists in these countries. **NYPOST**, 20 nov. 2017. *Living.* Disponível em: <https://nypost.com/2017/11/20/this-barbaric-bride-kidnapping-practice-still-exists-in-these-countries/>. Acesso em: 5 ago. 2020.

THOUSANDS of Rohingya rape victims expected to give birth. **CTVNews**, 21 maio 2018. Disponível em: <https://www.ctvnews.ca/world/thousands-of-rohingya-rape-victims-expected-to-give-birth-1.3939466>. Acesso em: 6 ago. 2020.

UMA MUDANÇA estrutural nas finanças. **BlackRock**. Disponível em: <https://www.blackrock.com/br/larry-fink-ceo-letter>. Acesso em: 31 jul. 2020.

UNFPA. ***Child marriage***. Disponível em: < https://www.unfpa.org/child-marriage>. Acesso em: 6 ago. 2019.

UNODC. ***Global study on homicide. gender-related killing of women and girls.*** Viena: 2018. Disponível em: <https://www.unodc.org/documents/data-and-analysis/GSH2018/GSH18_Gender-related_killing_of_women_and_girls.pdf>. Acesso em: 6 ago. 2020.

VOLD, George; BERNARD, Thomas; SNIPES, Jeffrey. ***Theoretical criminology***. 4 ed. New York: Oxford University Press, 1998.

WAISELFISZ, Julio. **Mapa da violência 2015:** homicídio de mulheres no Brasil. Brasília: FLACSO, 2015. p. 70 e 73. Disponível em: <https://www.mapadaviolencia.org.br/pdf2015/MapaViolencia_2015_mulheres.pdf>. Acesso em: 19 abr. 2019.

WALKER, Lenore. ***The Battered Woman Syndrome***. 3 ed. New York: Springer Publishing Company, 2009. p. 409.

WEBER, Max. **Sobre a teoria das ciências sociais.** São Paulo: Editora Moraes, 1991.

WHITE, Rob; HAINES, Fiona. ***Crime and criminology:*** *an introduction*. Melbourne: Oxford University Press, 1996.

WOMEN CEOs of the S&P 500. **Catalyst.** Disponível em: <https://www.catalyst.org/research/women-ceos-of-the-sp-500/>. Acesso em: 15 abr. 2019.

WOMEN fighting their way to the top in community radio. **The Journalist**, 26 abr. 2017. Disponível em: <https://www.thejournalist.org.za/the-craft/women-fighting-their-way-to-the-top-in-community-radio/>. Acesso em: 4 ago. 2020.

WORLD ECONOMIC FORUM. ***The global gender report 2018***. 17 dez. 2018. Disponível em: <http://www3.weforum.org/docs/WEF_GGGR_2018.pdf>. Acesso em: 1 abr. 2019.

WORLD HEALTH ORGANIZATION. ***Female genital mutilation***. Disponível em: <https://www.who.int/news-room/fact-sheets/detail/female-genital-mutilation>. Acesso em: 20 ago. 2020.

________. ***Female genital mutilation (FGM).*** Disponível em: <https://www.who.int/reproductivehealth/topics/fgm/prevalence/en/>. Acesso em: 6 ago. 2019.

________. ***Understanding and addressing violence against women.*** 2012. Disponível em: <https://apps.who.int/iris/bitstream/handle/10665/77432/WHO_RHR_12.36_eng.pdf;jsessionid=0E0DA278097DBF720D2D9373C76B5E88?sequence=1>. Acesso em: 23 abr. 2019.

SIGLAS UTILIZADAS

AMB Associação dos Magistrados Brasileiros

AMPERN Associação do Ministério Público do Estado do Rio Grande do Norte

BBC *British Broadcasting Corporation*

BNDES Banco Nacional de Desenvolvimento Econômico e Social

CEDAW *Convention on the Elimination of All Forms of Discrimination Against Women*; Convenção sobre a Eliminação de Todas as Formas de Discriminação Contra a Mulher, em português

CIDH Comissão Interamericana de Direitos Humanos

CMR *Complex Moral Reasoning*; RMC, em português

CNJ Conselho Nacional de Justiça

CNMP Conselho Nacional do Ministério Público

CONJUR Consultor Jurídico

COPEVID Comissão Permanente de Combate à Violência Doméstica e Familiar contra a Mulher

CPMI Comissão Parlamentar Mista de Inquérito

CSN Companhia Siderúrgica Nacional

DEAM Delegacia de Atendimento à Mulher

DSP Dispositivo de Segurança Preventiva

EACDH Escritório do Alto Comissário das Nações Unidas para os Direitos Humanos; OHCHR, em inglês

EBC Empresa Brasil de Comunicação

EMERJ Ecola da Magistratura do Estado do Rio de Janeiro

ENAMP Escola Nacional do Ministério Público

ENFAM Escola Nacional de Formação e Aperfeiçoamento de Magistrados

FEM Fórum Econômico Mundial; WEF, em inglês

FGM *Female genital mutilation;* MGF, em português

FGV Fundação Getulio Vargas

HRW *Human Rights Watch*

IBCCRIM Instituto Brasileiro de Ciências Criminais

IBDFAM Instituto Brasileiro de Direito de Família

IBGE Instituto Brasileiro de Geografia e Estatística

IMP Instituto Maria da Penha

IPI *International Peace Institute*

IPU *Inter-Parliamentary Union*; UIP, em inglês

LSE *London School of Economics and Political Science*

MGF Mutilação genital feminina; FGM, em inglês

MMFDH Ministério da Mulher, da Família e dos Direitos Humanos

MPMT Ministério Público do Estado do Mato Grosso

MPRN Ministério Público do Estado do Rio Grande do Norte

MPSP Ministério Público do Estado de São Paulo

NYPOST *New York Post*

NYTIMES *The New York Times*

OHCHR *Office of the United Nations High Commissioner for Human Rights*, também referido como *UN Human Rights*; EACDH, em português

OMS Organização Mundial de Saúde; WHO, em inglês

ONG Organização Não Governamental

ONS *Office for National Statistics* (Reino Unido)

ONU Organização das Nações Unidas; UN, em inglês

ONU MULHERES Entidade das Nações Unidas para a Igualdade de Gênero e o Empoderamento das Mulheres

PJERJ Poder Judiciário do Estado do Rio de Janeiro

PMBA Polícia Militar do Estado da Bahia

PMERJ Polícia Militar do Estado do Rio de Janeiro

RMC Raciocínio Moral Complexo; CMR, em inglês

RO Estado de Rondônia

SC Estado de Santa Catarina

SNPM Secretaria Nacional de Políticas para as Mulheres

STF Supremo Tribunal Federal

STJ Superior Tribunal de Justiça

STOPVAW *Stop Violence Against Women*, projeto da ONG *The Advocates for Human Rights*

TJES Tribunal de Justiça do Estado do Espírito Santo

TJMT Tribunal de Justiça do Estado do Mato Grosso

TJRJ Tribunal de Justiça do Estado do Rio de Janeiro

TSE Tribunal Superior Eleitoral

UERJ Universidade do Estado do Rio de Janeiro

UFRJ Universidade Federal do Rio de Janeiro

UIP União Inter-Parlamentar; IPU, em inglês

UN *United Nations*; ONU, em português

UNFPA *United Nations Population Fund*; Fundo de População das Nações Unidas, em português

UNICEF *United Nations International Children's Emergency Fund;* Fundo das Nações Unidas para a Infância, em português

UNODC *United Nations Office on Drugs and Crime*; Escritório das Nações Unidas sobre Drogas e Crimes, em português

WEF *World Economic Forum*; FEM, em português

WHO *World Health Organization*; OMS, em português

WMC *Women's Media Center*

www.facebook.com/GryphusEditora/
twitter.com/gryphuseditora
www.bloggryphus.blogspot.com
www.gryphus.com.br

Este livro foi composto na tipologia Minion
Pro Regular corpo10 /15 impresso pela
gráfica Vozes em papel de miolo pólen 80 g
e papel de capa cartão supremos 250 g.